PROYECTO DISCI- PULADO

LUCAS LEYS
DAVID NOBOA

MINISTERIO ADOLESCENTES

PROYECTO DISCI- PULADO

Lucas Leys
David Noboa

e625.com

PROYECTO DISCIPULADO - MINISTERIO DE ADOLESCENTES
e625 - 2020
Dallas, Texas
e625 ©2020 por **Lucas Leys y David Noboa**

Todas las citas bíblicas son de la **Nueva Biblia Viva (NBV)** a menos que se indique lo contrario.

Editado por: **María Gallardo**

Diseño interior y portada: **JuanShimabukuroDesign**

RESERVADOS TODOS LOS DERECHOS.

ISBN: 978-1-946707-43-7

IMPRESO EN ESTADOS UNIDOS

CONTENIDO

INTRO 7

SECCIÓN 1

PRINCIPIOS ESENCIALES DEL DISCIPULADO BÍBLICO 15

1. SOMOS LA IGLESIA 17
2. ENSEÑANZA Y DISCIPULADO NO SON LO MISMO 23
3. CADA DISCÍPULO ES DIFERENTE 27
4. EL DISCIPULADO NO ES PARA UNA EDAD ESPECÍFICA 31
5. EL DISCIPULADO SUCEDE EN PROCESOS 35
6. ACOMPAÑAMIENTO Y MENTOREO 39
7. INVOLUCRAMIENTO DE LOS PADRES 43
8. EL PRINCIPIO DEL ESPEJO 47
9. ACTIVIDADES CON PROPÓSITO 51
10. EL LLAMADO ES PARA TODOS 55

SECCIÓN 2

10 LECCIONES PARA DISCIPULAR ADOLESCENTES 59

11. LA MONTAÑA RUSA DE LAS EMOCIONES 63
12. IDENTIDAD Y AUTOESTIMA 75
13. EXPLOSIONES INTERNAS 87
14. SUEÑOS DE ATRACCIÓN 101

15. INTELIGENCIA SEXUAL..115
16. LA CONEXIÓN FUNDAMENTAL..........................127
17. ROMANCE Y NOVIAZGO..................................139
18. RELACIONES SANAS..151
19. NARCISISMO ESPIRITUAL.................................161
20. LÍMITES Y LIBERTAD.......................................173

BIBLIOGRAFÍA..187

INTRO

«El éxito es solamente una consecuencia de haber desarrollado una disciplina con perseverancia».
Lucas Leys *(Stamina)*

En la Biblia encontramos la historia de cuando Jesús, luego de la resurrección, tuvo un encuentro con dos de sus discípulos mientras caminaban hacia Emaús, una ciudad ubicada a unos 10 kilómetros de Jerusalén. Según leemos en el relato de Lucas capítulo 24, aquellos que decían ser sus seguidores no supieron, en ese momento, quién era Él. ¿No te intriga esa afirmación? ¿Cómo se entiende que aquellos que se reconocían como sus seguidores no pudieran reconocerle? Las respuestas pueden ser muchas... Algunos ilustran a Jesús oculto detrás de un manto, otros dicen que su imagen glorificada era diferente a su forma humana anterior a la crucifixión, o quizás tenía la capacidad de confundir los ojos de la gente para que no le reconocieran. Lo cierto es que no supieron quién era hasta el momento en que partió el pan y recién entonces pudieron reconocerlo.

Esta historia destaca una verdad poderosísima. No es suficiente con saber quién es Jesús. Necesitamos tener experiencias cercanas con Él. Jesús puede caminar contigo sin que le puedas reconocer, y de pronto, ¡puf!, viene una gran revelación a tu vida que te hace ver claramente que Jesús ha estado caminando y hablando contigo todo ese tiempo.

> **ESA ES LA TAREA DE LOS DISCIPULADORES: CAMINAR CON ALGUIEN PARA QUE PUEDA VER CLARAMENTE A JESÚS**

Esa es la tarea de los discipuladores: caminar con alguien para que pueda ver claramente a Jesús; acompañar a otro que aún no puede reconocerlo en ciertos aspectos de su vida. Y ese es el desafío del discipulado bíblico: viajar junto a otra persona hasta que pueda reconocer al Mesías, caigan sus velos interiores y experimente la presencia de Dios a través del Cristo resucitado.

LO QUE NO ES EL DISCIPULADO:

En muchas ocasiones, la manera más clara de definir algo es hacer una lista de lo que ese algo no es, y aquí hay una lista de lo que el discipulado bíblico no es:

- **NO ES UNA CLASE BÍBLICA.** Usualmente se confunden estas dos expresiones que suelen ir de la mano pero no son iguales. Una clase en la que se enseña la Biblia aporta una parte importante en el crecimiento de un discípulo. De hecho, una parte indispensable y por eso este libro contiene lecciones para enseñar, pero el libro incluye la palabra «proyecto» porque una clase no es el todo del discipulado.

- **NO ES UN PROGRAMA DE MEMBRESÍA.** En algunas iglesias se da entender que el discipulado es un programa de iniciación para nuevos creyentes, pero otra vez, queremos que los nuevos creyentes comiencen a ser discípulos de Jesús y es bueno que haya un buen programa para quienes dan sus primeros pasos en la fe pero el discipulado no termina con el bautismo o con la finalización de un curso. No se trata de seguir una serie de talleres. Aunque esto puede ayudar mucho en el proceso del discipulado, verás que el conocimiento bíblico y otros tipos de aprendizajes no redundan necesariamente en una mayor madurez espiritual.

- **NO ES UNA REFLEXIÓN DOCTRINAL.** El discipulado no está limitado a cuestiones intelectuales. Más bien es un desarrollo de carácter integral que involucra, además de la parte cerebral, el espíritu, las emociones, la voluntad y la conducta. Las clases teológicas podrían hacernos caer en el engaño de que aprendiendo ciertas doctrinas, seremos buenos discípulos. Las doctrinas claro que son fundamentales y hay enseñanza doctrinal en un verdadero discipulado bíblico, pero esas doctrinas deben pasar a la acción para surtir su efecto. El saber teología y doctrina no te hace un buen discípulo si no te llevan a una práctica tangible. Considera, por ejemplo, a los fariseos, a quienes Jesús confrontaba. Ellos tenían mucho conocimiento, y manejaban la teología y la doctrina a la perfección, pero su corazón estaba muy lejos de Dios.

> **EL DISCIPULADO GENUINO ES MÁS PARECIDO A SER UN ESPEJO DE CRISTO QUE A SIMPLEMENTE ENSEÑAR SOBRE ÉL**

- **NO ES UNA LITURGIA.** Aunque es cierto que el discipulado tiene mucho que ver con adquirir buenos hábitos y disciplinas espirituales, estas cosas no deben convertirse en repeticiones frías ni en rígidas conductas religiosas. Cada disciplina adquirida, cada momento de adoración colectiva, cada acto de participación comunitaria, oración y ayuno, son herramientas para que nuestro corazón sea conquistado por el corazón de Jesús y no solamente para que «hagamos» lo que es correcto a los ojos de otros.

Se puede saber mucho acerca de Dios y estar lejos de Él y por eso, el discipulado genuino es más parecido a ser un espejo de Cristo que a simplemente enseñar sobre Él.

El punto no es «demostrar» quién se parece más a Jesús sino tener en claro que mientras más me enfoco en reflejar voluntariamente a Cristo, mejor discipulador seré.

Entonces, ¿qué es el discipulado bíblico? Reunir en una sola frase todo lo que un discipulado genuino significa puede ser muy osado... pero lo podemos intentar:

«EL DISCIPULADO ES UN PROCESO DE ACOMPAÑAMIENTO EN EL QUE, A TRAVÉS DE UNA RELACIÓN PERSONAL, SE CONSIGUE MOLDEAR EN EL DISCÍPULO LAS VIRTUDES DEL CARÁCTER DE JESÚS».

PIENSA EN ESTAS DOS PALABRAS:

- **PROCESO:** El discipulado es un proceso progresivo y paciente. Tiene que ver con acompañar a una persona desde un lugar a otro, tal como sucedió con los caminantes de Emaús. Mientras iban caminando, Jesús les recordaba cosas que ya habían escuchado y les decía otras que aún no sabían. Y ellos vivieron con tal intensidad el «proceso» de esa caminata, que cuando finalmente se dieron cuenta de que era su Maestro, recordaron que su corazón ardía mientras Él les hablaba.

- **RELACIÓN:** El discipulado no sucede sin acompañamiento. Caminar junto con alguien significa «estar allí» para esa persona. No se reduce a impartir lecciones o clases, y definitivamente debe ser algo más que una reunión semanal. El discipulado va más allá de compartir los cultos o las reuniones programadas. Los mejores discipuladores comparten con sus aprendices otros momentos de la vida y por eso las lecciones de este libro te van a desafiar a pasar de la lección a la convivencia. Así lo hizo Jesús. Y así lo haremos nosotros.

> **MIENTRAS MÁS ME ENFOCO EN REFLEJAR VOLUNTARIAMENTE A CRISTO, MEJOR DISCIPULADOR SERÉ**

Los doce discípulos no fueron los únicos seguidores de Jesús pero fueron los más íntimos. A lo largo del tiempo que nuestro Mesías caminó entre los seres humanos, muchos estuvieron cerca de Él y eso continúa hasta hoy. ¿Recuerdas a la multitud comiendo gratis de los panes y los peces? Seguidores de Jesús puede haber muchos, pero no todos los que dicen seguirle son verdaderamente sus discípulos.

La Biblia dice que el Verbo se hizo carne y habitó entre nosotros. Vivió con los hombres proclamando que el reino de los cielos se había acercado. Murió. Resucitó. Y justo antes de partir de regreso al trono preparado para Él, dejó una gran tarea: *«Vayan y hagan discípulos, enséñenles a guardar todas las cosas que les he enseñado»*. Luego se dice que alrededor de 500 personas presenciaron la ascensión del Salvador (1 Corintios 15:6).

La gran tarea de hacer discípulos a todas las naciones se ha efectuado con diversos matices, y al iniciar este proyecto en nuestras iglesias la gran pregunta a responder es: ¿cómo podemos hacer mejores discípulos de Jesús?

Y para hacerlo, a continuación tienes 10 recordatorios cruciales sobre los diferentes aspectos que el discipulado bíblico representa. **Más allá de la transmisión de conocimientos, estas premisas tienen la intención de ayudarte en la transmisión de una CULTURA**. Eso es lo que Cristo vino a instaurar: la cultura del reino de los cielos, la interpretación precisa de lo que el Padre había dicho desde tiempos antiguos, el ejercicio social de un pueblo, al cual ahora llamamos familia, y las características que esta familia debe tener. Como ves, se trata de cosas cruciales que no podemos olvidar.

Jesús anunció que había venido para cumplir la ley y no para abolirla, pero Él no les enseñó a sus discípulos una serie de pasos para ser un mejor creyente. Él vivió con ellos un estilo de vida de fe. Jesús estuvo con sus discípulos hasta en los momentos más difíciles, pero no los reunió para darles una charla sobre obediencia. Él obedeció al Padre en todo, y así les enseñó a ellos a hacer lo mismo.

> *«Este es el pacto que haré con ellos después de aquellos días, —dice el Señor: Pondré mis leyes en su corazón y las escribiré en su mente»*.
> **Hebreos 10:16**

SECCIÓN 1

ENTRENAMIENTO PREVIO PARA DISCIPULADORES

Tu iglesia y ministerio pueden hacer un discipulado transformacional y este entrenamiento preliminar tiene la intención de:

- Romper cualquier paradigma incorrecto que exista en torno al discipulado bíblico en la comprensión de los miembros de tu equipo.

- Entusiasmar a tus voluntarios con el tremendo proyecto de que tus participantes se parezcan más a Jesús.

- Optimizar el proceso de crecimiento estableciendo resultados claros para tu ministerio.

- Ampliar la visión de todos los involucrados recuperando el sentido de comunidad de la Iglesia del primer siglo.

PRINCIPIOS ESENCIALES DEL DISCIPULADO BÍBLICO

PRINCIPIO 1
SOMOS LA IGLESIA

«El mayor regalo que puede recibir una iglesia es tener un grupo de familias que asuman la vida con tanta seriedad cristiana que estén dispuestas a alterar por completo su estilo de vida para criar discípulos para Jesucristo».
Abraham Kuyper

Por mucho tiempo nos acostumbramos tanto a hacer reuniones en un templo como parte del ejercicio natural de la Iglesia que esta inercia nos ayudó a olvidar que debemos ser y hacer **discípulos**, y no solo asistentes a reuniones. En un sentido bíblico, la iglesia no es un lugar al que ir sino una familia a la cual pertenecer y si no logramos verla de esta manera, terminaremos estancando nuestro crecimiento personal y el de la Iglesia.

La forma en que hablamos exhibe cómo pensamos y, en consecuencia, cómo actuamos. Mira esta conversación:

— ¿A qué iglesia asistes?

—Asisto a la Iglesia Central.

—Pero... ¿eres de los que sirven?

—Solo asisto, no estoy en ningún ministerio.

> LA IGLESIA NO ES UN LUGAR AL QUE IR SINO UNA FAMILIA A LA CUAL PERTENECER

Seguramente escuchaste alguna parecida. Pero lo cierto es que «asistir» a una comunidad eclesial es prácticamente imposible desde la perspectiva de Dios. Piensa en tu familia. ¿Asistes semanalmente a tu familia o eres parte de ella? Ser parte de la iglesia y congregarnos no es lo mismo que asistir.

Una respuesta bíblica para la pregunta de más arriba sería:

—No asisto a una iglesia, yo *soy* la Iglesia de Cristo.

Otra conversación muy común es la siguiente:

—Esta semana no fui a la iglesia.

Y su líder responde: —Pues no debes faltar porque recuerda que no debemos dejar de congregarnos.

Nadie tiene malas intenciones al decir estas cosas pero hacerlo puede empujar a las nuevas generaciones a llevar una doble vida. ¿Qué es congregarse exactamente? Obviamente la palabra quiere decir reunirnos pero en un sentido bíblico quiere decir estar enlazados. Compartir un sentir, un creer y un hacer continuo.

DECIR "SER LA IGLESIA" NOS HACE SABER QUE SOMOS PARTE Y NO DEJAMOS DE SERLO JAMÁS

Tenemos que evitar que por un lado esté la vida de las reuniones de la iglesia, en la que todos se muestran buenos, serviciales, y hasta son un buen ejemplo para los demás y por el otro esté «la vida secular». Hemos vivido en esa dicotomía por siglos, y ya es hora de decir que es errónea y que no es bíblica ya que según la revelación escrita no existe una vida cristiana y una vida secular. Si eres un discípulo de Jesús, entonces eres el mismo en cualquier lugar, momento, condición y actividad y todo lo que haces lo debes hacer para el Señor (Colosense 3:23-24).

La frase «ir a la iglesia» nos hace pensar que es un destino para visitar, un buen lugar para pasar un rato ciertos días de la semana. En cambio, decir «ser la iglesia» nos hace saber que somos parte y no dejamos de serlo jamás, sin importar dónde o con quién estemos.

Mira este texto de tu Biblia....

SOMOS LA IGLESIA

> *«Dios fue el que hizo el mundo y cuanto en él existe y, por cuanto es Señor del cielo y de la tierra, no habita en templos que el hombre construya, ni necesita que los seres humanos satisfagan sus necesidades, porque él es el que da vida y aliento a todas las cosas. De un solo hombre creó a la humanidad, y luego distribuyó las naciones sobre la faz de la tierra, tras decidir de antemano cuándo y cuáles serían sus fronteras. En todo esto, el propósito de Dios era que las naciones lo buscaran y, quizás palpando, descubrieran el camino donde se le pudiera hallar. Pero él no está lejos de ninguno de nosotros, porque en él vivimos, nos movemos y existimos. Como uno de los poetas de ustedes dijo: Somos de la familia de Dios».*
> **Hechos 17:24-28**

Dios no está en los templos, pero siempre está en la Iglesia.

A muchos les cuesta entender esta frase pues consideran que templo es un sinónimo de iglesia, pero no es así. ¡La Iglesia somos nosotros! Lo que dice el versículo 28 es contundente: en Él vivimos, nos movemos y existimos. Y porque Él habita en nosotros, somos su familia.

DIOS NO ESTÁ EN LOS TEMPLOS, PERO SIEMPRE ESTÁ EN LA IGLESIA

Nos reunimos en templos, sí, pero Dios no está allí por el lugar, sino por nosotros, su Iglesia. Un discípulo verdadero jamás deja de ser Iglesia y precisamente por eso está consciente de que debe ser parte activa de las reuniones; sabe cuán importante es la vida en comunidad, es parte del cuerpo, se relaciona con otros y sirve a Dios con sus dones y talentos. Pero su misión no termina allí. El discípulo mira en su interior, se examina periódicamente y rinde cuentas a su discipulador en base a los pasos de crecimiento que ha dado. Por eso, aunque participa de las reuniones, **un discípulo no depende de la reunión para crecer y cumplir aquello que Cristo le ha encomendado.**

«Asistir» a una congregación no te exige ser un discípulo, pero SER PARTE de una comunidad de seguidores de Jesús te obliga a ser un discípulo donde quiera que estés, ¡y además te obliga a cumplir con la misión de formar otros discípulos! No importa a qué comunidad de creyentes pertenezcas, la misión sigue siendo la misma, y tú sigues siendo parte de la Iglesia global. Todos estamos unidos en una misma fe, propósito y misión.

Esta perspectiva nace de comprender que la Iglesia no es un lugar delimitado a un espacio físico, sino que se trata de un organismo vivo y, como tal, debe crecer integralmente, así como también reproducirse, multiplicarse y expandirse. Si esto no sucede, es porque algo no estamos haciendo bien...

Recuerda que el hecho de tan solo *ser* un discípulo de Jesús no es el plan de Dios completo para ti. Hace falta también *hacer* discípulos, modelar en otros el carácter de Cristo, acompañarlos a vivir este proceso, y alentarlos a reproducirse en otros más.

ALGUNOS CAMBIOS DE PARADIGMA:

- No asisto a una iglesia, SOY la Iglesia.
- El edificio donde nos reunimos NO es la Iglesia, es un templo.
- La Iglesia no es un lugar estático, es un organismo VIVO.
- La Iglesia está formada por los hijos de Dios, dondequiera que estos se reúnan. En un auditorio enorme, en un parque, o en una casa, dondequiera que estén los hijos de Dios, allí está la Iglesia.

IMPLEMENTA IDEAS QUE CAMBIEN LA CULTURA:

- Pega carteles en el templo con frases que ayuden a todos a cambiar su mentalidad respecto de «ir a la iglesia» a «ser la Iglesia».
- Intenta repetir varias veces esas frases en las reuniones hasta que los conceptos se vuelvan parte del lenguaje habitual.

- Trabaja con todos los miembros y voluntarios del ministerio para que en las clases, las reuniones de grupos pequeños, y aun en las consejerías individuales se hable con claridad que todo lo que hacemos los cristianos todos los días tiene que ver con la iglesia.

↗ ↗ ↗ ↗ ↗ ↗

↗ ↗ ↗ ↗ ↗ ↗

↗ ↗ ↗ ↗ ↗ ↗

↗ ↗ ↗ ↗ ↗ ↗

↗ ↗ ↗ ↗ ↗ ↗

↗ ↗ ↗ ↗ ↗ ↗

PRINCIPIO 2
ENSEÑANZA Y DISCIPULADO NO SON LO MISMO

«Una comprensión cristiana del mundo ve el carácter de las nuevas generaciones no tan determinado genéticamente, sino moldeado en gran medida por el discipulado y la disciplina de sus modelos».
Russell D. Moore

Es fácil mezclar estas palabras porque la enseñanza es parte del discipulado pero es fundamental diferenciarlas. Si bien el discipulado se vale de la enseñanza, la sola enseñanza no hace discípulos.

La realidad práctica de los cristianos de hoy es que estamos bombardeados por una cantidad enorme de información, mensajes y enseñanzas de diversos tipos en las redes. Tenemos de todo, e idolatramos a los que «hablan mejor» y tienen redes sociales populares pero... ¿de qué manera estamos haciendo discípulos? Obviamente no queremos cuestionar a alguien pero es bueno tener en claro que hablar bien por un rato en un video o un púlpito no es lo mismo que hacer lo que Jesús sí nos encargó. Discipular es más que hablar lindo.

Quizás la clave está en no quedarse en la parte discursiva de la comunicación. Ambos autores de este libro trabajamos en este material porque queremos ayudarte a incluir desafíos personales en tu enseñanza en ese proceso intencional que estamos llamando discipulado.

Los retos personales o colectivos para poner en práctica lo aprendido, supervisados en una relación que optimiza resultados, son realmente vitales.

Reflexiona con tu equipo en estas diferencias entre enseñanza y discipulado:

ENSEÑANZA	DISCIPULADO
Transmite conocimientos.	Transmite una cultura.
Se limita a las clases, y no exige mucha relación con el maestro.	Apunta al acompañamiento y exige una relación con el discipulador.
Se basa en saber lo que dice la Biblia o la teología.	Se basa en practicar lo que la Biblia dice.
Te lleva a un mayor conocimiento.	Te lleva a la madurez en Cristo.
Es un momento o etapa corta apuntado a terminar un programa.	Es un proceso apuntado al carácter.

Si prestas atención al cuadro anterior podrás observar que **el discipulado conlleva mucho más esfuerzo y tiempo que la enseñanza.** Los maestros, entonces, son una parte clave del proceso, pero **si en verdad quieres discipular a otros vas a tener que movilizarte a un nuevo nivel de compromiso y relación.** El proceso puede iniciarse con la enseñanza, pero no termina allí.

QUIEN EJERCITA EL PROCESO INTENCIONAL DEL DISCIPULADO ASUME RASGOS DE PATERNIDAD ESPIRITUAL

¿Puedes entonces ser un maestro y no estar haciendo discípulos? Sí. Cuando limitas la enseñanza a la impartición de información, allí la Palabra se vuelve letra muerta y el conformismo impide que la verdad de Dios sea real y viva en la vida de la persona.

Cuando entiendas esto y cambies tu forma de enseñar, entonces todo lo que enseñes traerá mayor fruto, pues apuntará hacia el objetivo de hacer discípulos y no de crear clones que sepan todo lo que tú ya sabes. Y, al final del camino, estamos

ENSEÑANZA Y DISCIPULADO NO SON LO MISMO

seguros de que serás enseñado por cada discípulo tú también, ¡pues nunca habrás dejado de ser uno!

Alguien que discipula es más que un maestro. Poco a poco se va convirtiendo en un ejemplo de vida, una consejera, un entrenador y una amiga. Quien ejercita el proceso intencional del discipulado asume rasgos de paternidad espiritual ya que asigna identidad, provee y protege.

ALGUNOS CAMBIOS DE PARADIGMA:

- La enseñanza no es el «todo» del discipulado.
- La fuerza motora del discipulado no es el conocimiento, sino la relación.
- Saber de la Biblia no trae madurez; practicarla sí.

IMPLEMENTA IDEAS QUE CAMBIEN LA CULTURA:

- Empieza a diferenciar las clases bíblicas de los procesos de discipulado.
- Instruye a todos los involucrados (líderes, voluntarios y participantes) para entender la diferencia.
- Identifica a aquellos en tu congregación que pueden ser discipuladores y entrénalos con esta guía.
- Que toda clase apunte a cambios de acción que serán supervisados en una relación.

PRINCIPIO 3
CADA DISCÍPULO ES DIFERENTE

«Dios creó a las personas con una amplia variedad de intereses y habilidades. Ha llamado a personas de todas las razas y colores que han sido lastimadas por la vida de todas las formas imaginables. Incluso las cicatrices de abusos y lesiones en el pasado pueden ser el medio de llevar la curación a otro. ¡Qué maravillosas oportunidades para hacer discípulos!».

Charles R. Swindoll

La filosofía griega que heredamos del imperio romano instaló en occidente la idea no muy asusta de que la educación se debe parecer a un embudo en el que todos entramos distintos para luego salir todos iguales, y algunos sin saberlo han pretendido este tipo de acercamiento para el discipulado y la Iglesia.

Por ese motivo, los programas se crean con la expectativa de que todo creyente pueda repetir y hacer lo mismo que los otros cristianos. Sin embargo, hoy tenemos en claro que todos somos iguales en lo esencial pero que somos distintos y eso es bueno y hay que traerlo al discipulado. Cada discípulo es diferente, tiene necesidades específicas y lucha con cosas que otros no. Sus debilidades y fortalezas son únicas, y no es posible crear un patrón que pueda servir a todos por igual. A su vez, aquel que discipula está consciente de sus propias debilidades para depender

CADA DISCÍPULO ES DIFERENTE, TIENE NECESIDADES ESPECÍFICAS Y LUCHA CON COSAS QUE OTROS NO

más de Cristo, y asume sus fortalezas para ser impartidas a sus seguidores, todo completamente guiado por el Espíritu de Dios.

Es por este motivo que el discipulado es, necesariamente, más personal que grupal. Lo grupal y lo individual deben ser dos caras complementarias porque no es uno o lo otro sino ambas cosas, porque hay verdades que se aprenden mejor comunalmente y ciertas otras que deben ser cara a cara en la intimidad de dos personas. El desafío es que casi todos los programas de las iglesias son grupales y hay poco acercamiento individualizado y por eso es tan vital recordar que las **conversaciones íntimas, los encuentros personales y los retos individuales son una marca de un discipulado genuino.**

Algunas ideas para discipular de forma personal:

- No mires números, mira personas.
- Crea oportunidades que vayan fuera de una clase.
- Crea intimidad intencional sin esperar a que surja de forma natural.
- Entérate de las cosas que a cada discípulo le interesan.
- Si quieres una relación genuina, sé auténtico.
- Trabaja más con los que están mejor dispuestos.
- Enséñales a rendir cuentas de su vida. Es importante.
- Aplaude sus éxitos, consuela sus tropiezos.
- Trabaja sobre acciones específicas.
- Ayúdales a fijarse metas personales.
- Ayúdales a depender de la guía del Espíritu Santo.

CADA DISCÍPULO ES DIFERENTE

Estos consejos tendrán leves variaciones si estás discipulando niños, preadolescentes, adolescentes o jóvenes. Ya verás que el principio que viene más adelante te ayudará a enfocarte mejor en cada edad. Sin embargo, debes saber que no existe ninguna limitación de edad para que alguien se convierta en un discípulo.

ALGUNOS CAMBIOS DE PARADIGMA:

- Para Dios todos somos iguales, pero también somos diferentes.
- El discipulado siempre llega a una instancia personal.
- Las reuniones semanales no discipulan, la relación sí.
- Fuimos creados a imagen y semejanza de un Dios multiforme.

IMPLEMENTA IDEAS QUE CAMBIEN LA CULTURA:

- Conoce las diferencias individuales de las personas que tienes en un grupo de discipulado.
- Advierte intencionalmente qué paradigma es importante para transferirles el valor.
- Ayuda a las personas a las que discipulas a conocerse mejor.
- Crea una conciencia de inclusión e integración en los miembros de tus proyectos.
- Modela un acercamiento pastoral personalizado.

PRINCIPIO 4
EL DISCIPULADO NO ES PARA UNA EDAD ESPECÍFICA

«Jesús pasó tiempo y tuvo relaciones cercanas y personales con sus discípulos.
¿Tenemos relaciones personales con las nuevas generaciones en nuestras iglesias?».
La Verne Tolbert

Pareciera ser que la conciencia general de muchas congregaciones reclama que discipulemos «en serio» a los adultos, mientras que los niños, preadolescentes, adolescentes y jóvenes pueden esperar, y este es un error estratégico de consecuencias nefastas. De hecho, cuando se trata de transmitir cultura, la mejor edad es la más temprana. Cuando trabajes con adultos encontrarás que es un poco más difícil cambiar algo que han hecho de una determinada manera durante toda su vida. En cambio, los más pequeños son moldeables, enseñables, y adaptables. Saben que no saben y eso es bueno.

Si tienes una posición de influencia con las nuevas generaciones, Dios te ha tenido en alta estima.

Ahora bien, no es lo mismo trabajar con niños que trabajar con jóvenes así que aquí van a

CUANDO SE TRATA DE TRANSMITIR CULTURA, LA MEJOR EDAD ES LA MÁS TEMPRANA

algunas recomendaciones que corresponden a las 4 arenas básicas del trabajo de una visión inteligente de pastoral generacional.

PARA EL DISCIPULADO DE NIÑOS:

- Trabaja íntimamente con los padres. Ellos son los líderes y discipuladores naturales que Dios les dio. Discipular a los niños es cooperar con sus padres.

- Ayuda a los niños a compartir sus pasos de crecimiento en el contexto de su familia.

- Usa las inteligencias múltiples, así el proceso de formación será integral y llegará a todos. (Si quieres saber más acerca de Inteligencias Múltiples aprovecha el curso en el Instituto online de e625).

PARA EL DISCIPULADO DE PREADOLESCENTES:

- Es la etapa en donde comenzamos a ver el mundo más allá del hogar y con la llegada del pensamiento abstracto comenzamos a cuestionar la validez de lo que aprendimos en la niñez y por eso la enseñanza debe pasar de los datos concretos a los principios abstractos.

- En esta etapa también es crucial colaborar con sus padres porque en ella tienen su última gran oportunidad de definir algunos valores y hábitos en sus hijos que, a partir de la siguiente, van a ser mucho más difíciles de inculcar.

- La relación con sus líderes y maestros ahora debe ser más personal. Necesitan modelos y es muy posible que los modelos que tengan en esta etapa lo serán de manera inconsciente por el resto de sus vidas.

EL DISCIPULADO NO ES PARA UNA EDAD ESPECÍFICA

PARA EL DISCIPULADO DE ADOLESCENTES:

- La relación de los chicos y chicas con sus padres es siempre importante, pero la relación con sus amigos a esta edad es clave. El discipulado comunal tiene más sentido en esta etapa que en ninguna otra.

- Por naturaleza en la adolescencia todos cuestionamos nuestro marco familiar y los líderes no debemos tirar más leña al fuego sino ayudarles a hacer esa evaluación de manera positiva.

- Prepárate para hablar con ellos sobre sentimientos y emociones. Su vida durante esta etapa va a ser un carrusel de altibajos en el área emocional y necesitarán alguien maduro, y por lo tanto estable, que los acompañe.

PARA EL DISCIPULADO DE JÓVENES:

- Así como en la etapa anterior el discipulado comunal es vital, en esta pasamos a la etapa crucial para el discipulado personal. La palabra mentor se hace más importante que nunca porque eso es lo que necesitan y deberás aprender a hacer preguntas difíciles, incluso las más íntimas.

- Preséntales opciones a los jóvenes sin darles órdenes y, sobre todo, sin tomar decisiones por ellos. Enséñales a tomar sus decisiones en base a la Palabra de Dios. El coaching es una buena disciplina para sumar a tus habilidades y en el Instituto online de e625.com también tienes un curso fundacional de coaching generacional.

- Esta es la etapa de elegir una profesión, una pareja para casarse, planificar su futuro, y descubrir su propósito de vida o incluso un llamamiento ministerial, y los temas de conversación del discipulado tienen que aterrizarse en estos dilemas.

ALGUNOS CAMBIOS DE PARADIGMA:

- La edad no es una limitante para hacer discípulos pero sí hay que hacer adaptaciones pertinentes según la etapa.

- Discipular a los adultos **no** es más valioso que discipular a los más pequeños.

- Transmitir una cultura requiere tiempo, enfoque y esfuerzo.

IMPLEMENTA IDEAS QUE CAMBIEN LA CULTURA:

- Trabaja una visión de *Liderazgo Generacional*[1]. (Si no leíste este libro tienes que hacerlo cuanto antes). Reúne a todas las áreas de tu congregación que estén dedicadas a las nuevas generaciones y suma a los ministerios de adultos planificando una actividad conjunta con el foco de que el discipulado de nuevas generaciones sea una prioridad para toda tu iglesia, así como fue encargado por Dios en Deuteronomio 6. Verás que de vez en cuando es bueno que se escuchen las cabezas y corazones de todos para coordinar esfuerzos.

- Organiza las cosas de manera que las nuevas generaciones por etapa dirijan una reunión en alguno o varios momentos del año. Dales responsabilidades a los preadolescentes, anima a los adolescentes a ser ejemplo para los más pequeños, entrena a los jóvenes para modelar conductas en los adolescentes y provee ejemplos de madurez para dar pasos firmes hacia la siguiente etapa en la que se encuentren.

---

1. Lucas Leys. *Liderazgo Generacional*. Editorial e625. Dallas, Texas. 2017

PRINCIPIO 5
EL DISCIPULADO SUCEDE EN PROCESOS

«Cuando la iglesia se convierte en un fin en sí misma, termina. Cuando cualquier ministerio, por grandioso que sea, se convierte en un fin en sí mismo, termina. Lo que necesitamos es que el discipulado se convierta en la meta, y entonces el proceso de conversión y santificación nunca terminará».
Robby Gallaty

Cuando hablamos de discipular a otros debemos pensar en cómo llevar a los discípulos de un lugar a otro en su madurez. Se trata de ir desde *aquí* hasta *allá*, y para eso se requiere trazar una ruta que marque los pasos de ese crecimiento sostenido que buscamos y entender que hay pasos intermedios en el camino. Cuando entendemos esto mejor, le bajamos el volumen a nuestra valoración de los eventos y le ponemos más cuidado a una visión progresiva de procesos.

Una cosa es aprender un principio y otra diferente es vivirlo. Lo primero es un acto intelectual, algo que se puede recibir en una clase. Pero para llevar un principio a la práctica se requiere decisión, esfuerzo y el cumplimiento de metas que nos ayuden a que este principio pase a formar parte de nuestra cultura, de nuestra forma de vida.

LE BAJAMOS EL VOLUMEN A NUESTRA VALORACIÓN DE LOS EVENTOS Y LE PONEMOS MÁS CUIDADO A UNA VISIÓN PROGRESIVA DE PROCESOS

Por eso, alguien que decide discipular no puede conformarse con enseñar principios, pues eso es apenas la primera parte. Es necesario que esos principios sean parte de la cultura del discipulador, para que pueda transmitirlos de manera tal que pasen a ser parte de la cultura del que es discipulado. Se trata de un estilo de vida que debe surgir de forma natural y no forzada.

EL PENTÁGONO DEL APRENDIZAJE APLICADO AL DISCIPULADO

En el libro *Liderazgo Generacional*[1] se describe la necesidad de mejorar los métodos de enseñanza desde un matiz relacional con el siguiente pentágono:

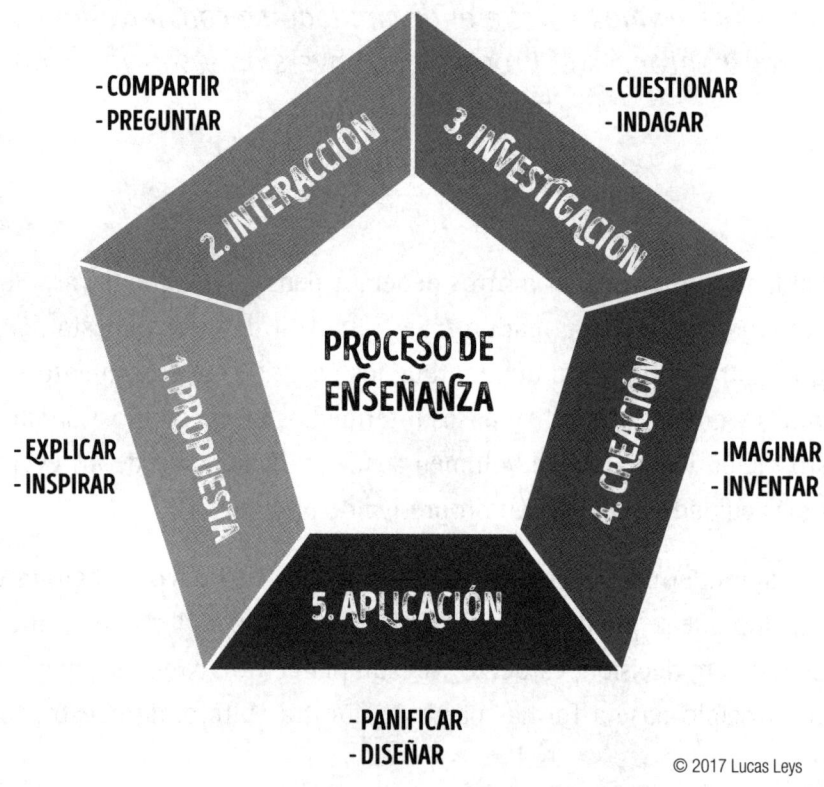

© 2017 Lucas Leys

---

1. Lucas Leys. *Liderazgo Generacional*. Editorial e625. Dallas, Texas. 2017. Pág. 148

EL DISCIPULADO SUCEDE EN PROCESOS

Cada uno de los lados del pentágono marca una dimensión del accionar que los discipuladores debemos observar. Si lo analizas bien, comprenderás la necesidad de formar discípulos a través de procesos, en lugar de simplemente tener alumnos en una clase.

Aquí te mostramos un ejemplo de cómo funciona este proceso:

1. PROPUESTA: Elegir un aspecto del carácter de Cristo.
2. INTERACCIÓN: Explorar las diferentes apreciaciones sobre el tema.
3. INVESTIGACIÓN: Buscar lo que la Biblia dice al respecto.
4. CREACIÓN: Crear un método para ponerlo en práctica.
5. APLICACIÓN: Vivirlo en carne propia y rendir cuentas de ello.

Un proceso puede estar enfocado en un área específica de la vida del discípulo, en una temática concreta, en un aspecto del carácter, etc., por lo que de la misma forma puedes ir creando diferentes propuestas de procesos que se adapten a los principios de este pentágono. Nada es rígido. Por el contrario, todo es adaptable y mejorable al 100% y puedes leer más en el libro mencionado y escuchar una conferencia cuando pasemos por tu ciudad.

Aunque este libro propone un proyecto corto, es tan solo una herramienta para encaminar un proceso a largo plazo cuya meta final es formar el carácter de Cristo en la vida del creyente, y eso dependerá de la relación entre el discipulador y el discípulo, y de lo dispuestos que ambos estén para ser formados a lo largo de este proceso.

ALGUNOS CAMBIOS DE PARADIGMA:

- El discipulado no es un discurso proposicional sino un proceso de internalización de verdades que respeta las distintas aptitudes de nuestro cerebro para aprender.

- El predicador comparte un monólogo, el maestro imparte una clase, el discipulador acompaña procesos.

- La relación entre discipuladores y discípulos es la naturaleza misma del discipulado.

IMPLEMENTA IDEAS QUE CAMBIEN LA CULTURA:

- Acostúmbrate a crear procesos. Las predicaciones y clases sueltas resuelven muy poco en la comprensión de las personas. Usa series, lecciones inductivas de larga duración y distintas instancias para que distintas personas internalicen los contenidos de lo que quieres que se practique.

- El llamado no fue a hacer reuniones donde nos paramos para cantar y luego escuchamos un discurso. Piensa fuera del templo, del aula y del discurso.

PRINCIPIO 6
ACOMPAÑAMIENTO Y MENTOREO

«Creo en el poder transformador del Espíritu de Dios y que Jesús puede ser formado en la vida de las nuevas generaciones. Trabajo desde su realidad, no desde la ficción».

Félix Ortiz

Según lo que podemos notar en el Nuevo Testamento, el apóstol Pablo llegaba a una ciudad, predicaba y después continuaba trabajando con algunos creyentes selectos hasta formar en ellos el carácter de Cristo para que luego ellos hicieran lo mismo con otros. Cuando era el tiempo, salía de allí pero no se desconectaba de ellos: seguía dándoles instrucciones a través de sus escritos.

Si estamos hablando de relaciones y procesos tenemos que plantear el desarrollo de las relaciones en fases o etapas y por eso es bueno incluir la palabra proyecto. Si queremos formar discípulos con madurez, que reflejen verdaderamente el carácter de Cristo, debemos formar los atributos de Cristo primero en nosotros y luego ir desarrollando cada uno de los aspectos de nuestros compromisos personales modelándolos a otras vidas. Pablo decía: «Sean imitadores de mí, así como yo lo soy de Cristo» y esto puede tomar años aunque a la vez, es recomendable plantarlo con fases y tiempos para luego soltar a los discípulos para que vayan y ellos repitan el proceso con otros.

LA MAYOR RIQUEZA DEL DISCIPULADO ESTÁ EN LA RELACIÓN

La relación con tus discipulados puede durar toda la vida, e incluso quizás te perciban como una referencia espiritual, pero eso no significa necesariamente que los roles son eternos y que no van a avanzar, por eso el punto es acompañarlos en esta etapa para ayudarles a dar los pasos de maduración que necesitan dar en este periodo en el que se encuentran. Este «estar en contacto» puede valerse de herramientas digitales como video chats, redes y herramientas similares pero el punto es mentorear, es decir, modelar para transferir ciertas enseñanzas vitales que deben aprender en una etapa de la vida.

Mira lo que dice el libro de Éxodo acerca de la relación de Dios con Moisés. Aunque Moisés no pudo mirar directamente el rostro de Dios, pues hubiera caído muerto, su encuentro personal con el Eterno produjo en él un peso de gloria que los demás no pudieron dejar de reconocer.

> «En la tienda de reunión, el Señor le hablaba a Moisés cara a cara, como un hombre habla con su amigo. Después Moisés regresaba al campamento, pero el joven que le ayudaba, Josué hijo de Nun, nunca se alejaba de la Tienda de reunión».
> **Éxodo 33:11**

Es decir que la cercanía con un buen modelo tiene un impacto que tarde o temprano todos van a notar. Moisés fue discipulado por Dios, así como todos nosotros podemos serlo. Ese proceso está basado en la relación que alcancemos con Él. De la misma forma, todos podemos acompañar a otro en su proceso de crecimiento.

ALGUNOS CAMBIOS DE PARADIGMA:

- No hay discipulado sin acompañamiento.
- La mayor riqueza del discipulado está en la relación.

ACOMPAÑAMIENTO Y MENTOREO

- La relación de discipulado puede ser hasta la muerte, aunque suele cambiar de roles según las etapas de la vida.

IMPLEMENTA IDEAS QUE CAMBIEN LA CULTURA:

- Tómate un tiempo personal con cada persona que tengas en un grupo de discipulado.

- Deja que las personas de tu grupo conozcan aspectos de tu vida que están fuera de una clase semanal.

- Que desde temprano tengan en mente que un día ellos deberán hacer lo mismo con otros. Así el cambio no se quedará solo en tu esfuerzo, ya que la responsabilidad de hacer discípulos es de todos los creyentes.

- Crea proyectos para etapas específicas con resultados precisos.

PRINCIPIO 7

INVOLUCRAMIENTO DE LOS PADRES

«Los cristianos disciplinamos a nuestros hijos no para que nos hagan felices, sino para que sirvan a Cristo como adultos. Los educamos no para que puedan tener un buen trabajo, sino para que sean el mejor seguidor de Jesús que puedan ser».
Chap Bettis

Todos los padres cristianos están involucrados en el discipulado de sus hijos aunque no lo sepan o no sean intencionales al respecto, y el trabajo de los líderes de cada iglesia es asegurarnos de que se enteren y ayudarlos para que sean intencionales en hacerlo mejor.

Conforme los hijos van creciendo, su capacidad y necesidad de relacionarse con otros modelos también crece y ahí es donde entramos nosotros, pero no como algo paralelo a la familia sino sumando fuerzas de manera colaborativa. El punto es que una constante interacción entre el liderazgo y los padres llega mucho más lejos de lo que sospechamos. El rol de los padres decrece conforme los hijos crecen y es necesario que esto suceda, pues de lo contrario, jamás podrían entregar hijos maduros que sirvan efectivamente al reino de los cielos, pero, otra vez,... este es un PROCESO lento, paciente y que podríamos llamar artesanal, y es por eso que los

TODOS LOS PADRES CRISTIANOS ESTÁN INVOLUCRADOS EN EL DISCIPULADO DE SUS HIJOS AUNQUE NO LO SEPAN

que trabajamos en el discipulado desde la perspectiva de la iglesia necesitamos alimentar una relación positiva también con los padres.

El rol de cada uno podría ir variando a lo largo del tiempo, de esta manera:

6 A 9	**10 A 13**	**14 A 17**	**18 A 25**

- Los niños son discipulados por sus padres.
- Los padres son el modelo más claro a seguir.
- Los líderes apoyan el liderazgo de los padres.
- El contacto con preadolescentes es vital.

- Los padres son un modelo importante, al igual que los líderes y maestros.
- Los padres deben conseguir otros adultos para apoyar su labor.
- El contacto con adolescentes positivos es vital.

- Los padres modelan.
- Los líderes son mentores.
- Los padres deben relacionarse con los amigos de sus hijos.
- El contacto con jóvenes que sean buenos modelos es vital.

- Los padres y líderes delegan autonomía
- Los lideres deben ser mentores de vida y coaches en decisiones especificas.
- El contacto con matrimonios jóvenes de buen testimonio es vital.

ALGUNOS CAMBIOS DE PARADIGMAS:

- La función de los padres va cambiando conforme avanzan las edades.
- Los líderes sin los padres no pueden llegar demasiado lejos.

INVOLUCRAMIENTO DE LOS PADRES

- Los padres deben aprender a apoyarse en los líderes.

IMPLEMENTA IDEAS QUE CAMBIEN LA CULTURA:

- Establece un buen ritmo de reuniones con los padres según la edad de tu público.

- Promueve reuniones de padres e hijos más seguido. La interacción que eso produce rescata el diseño de Dios para la Iglesia.

- Como discipulador, debes pensar siempre en cada discípulo dentro de un contexto familiar. Siempre habrá gente cercana que puede ser una buena influencia para el desarrollo de aquel a quien estás discipulando.

- Que los padres no cristianos se enteren que la iglesia está para servirlos a ayudarles en su paternidad.

PRINCIPIO 8

EL PRINCIPIO DEL ESPEJO

«El discipulado es el proceso de convertirte en quien sería Jesús si él fueras tú».
Dallas Willard

El apóstol Juan puso este principio en claro: *«El que afirma que está unido a Dios, debe vivir como Jesucristo vivió».* **(1 Juan 2:6)**

El primer gran compromiso de quienes nos entregamos al proyecto del discipulado es reflejar a Cristo en todo: su carácter, pasión, decisión, voluntad y transparencia. Por eso se dice que nadie puede discipular si primero no es un discípulo. Aquel que está dispuesto a ser un discípulo intenta parecerse cada día más a Jesús puesto que Él vino, a su vez, a reflejar al Padre. Como dice Pablo, Cristo es la imagen del Dios invisible (Colosenses 1:15).

El segundo gran compromiso es contagiar a otro a parecerse también a Jesús y por esta razón tenemos una responsabilidad emocionante y descomunal que en ocasiones nos puede intimidar, por lo cual también debemos aprender de Jesús su dependencia de Dios. En Juan 15:15 lo encontramos diciendo: «Yo soy la vid y ustedes son las ramas. El que está unido a mí, como yo estoy unido a él, dará mucho fruto. Si están separados de mí no pueden hacer nada.»

Qué bueno saber que tenemos un Dios grande y poderoso y que renueva por nosotros su misericordia continuamente porque la necesitaremos en este proceso. Si dependemos de Él en el proyecto del discipulado, ¡seguro tendremos éxito!

Si lo piensas bien, verás que la creación tiene ese diseño. Todo aquello que Dios creó tiene su sello de propiedad. Todo se parece a Él. Todo fue hecho por Él, por medio de Él, y para Él. El Génesis relata la historia de la creación del ser humano diciendo que fue hecho «a imagen y semejanza de Dios». Es decir, fue creado como un espejo que lo refleja a Él y partir de este principio podríamos diseñar un proceso de discipulado de la siguiente manera:

1. Conozco un aspecto del carácter de Cristo. Por ejemplo: el amor.

2. Anhelo parecerme a Él en ese aspecto.

3. Dejo de amar a mi manera, para comenzar a amar como Él amó.

4. Batallo contra los argumentos que me impidan amar como Él amó.

5. Vivo y practico su amor.

6. Enseño a otros a amar como Él.

7. Luego elijo otro aspecto del carácter de Cristo para imitar... y así vuelve a comenzar todo el proceso.

De esta manera, el proceso de discipulado durará, en realidad, toda la vida porque en cada aspecto podemos encontrar una nueva profundidad en la siguiente etapa y qué bueno poder trabajarla con quienes tengamos a cargo.

ALGUNOS CAMBIOS DE PARADIGMA:

- Reflejar a Jesús en nuestra propia vida es más importante que dar un buen sermón o clase acerca de Jesús. Eso significa morir a mí mismo para que Él viva en mí.

- Toda la creación fue hecha a imagen de Dios y debemos y podemos recuperar ese diseño.

- Reflejar a Cristo no es un sentimiento o un dicho romántico para una linda canción sino una acción concreta en la que modelas su carácter.

IMPLEMENTA IDEAS QUE CAMBIEN LA CULTURA:

- Elije aspectos específicos del carácter de Jesús para reflejar, comprender y desarrollar.

- Elabora un plan progresivo y ordenado de enseñanza. Coloca carteles que digan algo como: «Este es el mes del amor». Puedes usar videos e imágenes con este fin, y pueden darse testimonios sobre experiencias de dar y recibir amor, así todos los involucrados en el proyecto de discipulado tienen en claro el objetivo tangible que se está trabajando.

> **REFLEJAR A CRISTO NO ES UN SENTIMIENTO O UN DICHO ROMÁNTICO PARA UNA LINDA CANCIÓN SINO UNA ACCIÓN CONCRETA EN LA QUE MODELAS SU CARÁCTER**

PRINCIPIO 9
ACTIVIDADES CON PROPÓSITO

«Recrearnos no es un lujo, es una necesidad de todo seguidor de Jesús para poder continuar siendo agentes de restauración y reconciliación en un mundo roto».
Félix Ortiz

Cuando salimos mentalmente del templo, el aula y la liturgia nuestro panorama se amplía al punto que encontramos nuevos escenarios y posibilidades para lograr el gran propósito del discipulado, que es que la gente que afectamos se parezca más a Jesús.

Para los mejores discipuladores todo se realiza con un propósito, tanto las relaciones y conversaciones espontaneas en cada oportunidad disponible, como los buenos programas que faciliten la internalización de las conductas deseadas.

Algunas de estas actividades serán para fortalecer la relación personal o de un grupo pequeño. En cambio, otras deberán incluir a la comunidad. Así es como les enseñamos a los niños, preadolescentes, adolescentes y jóvenes a ser un cuerpo. Allí se pondrán en evidencia también los problemas del carácter y aprenderán a apoyarse unos a otros. Entonces, los discipuladores estarán pendientes de las reacciones de los discípulos para seguir formando a Cristo en ellos, y también los discípulos tendrán el ojo puesto en sus discipuladores para imitarles. En esas situaciones te darás cuenta de que ellos te miran más de lo que imaginas.

Recuerda que no se trata de ideas creativas para que sean creativas, o actividades espectaculares con el afán de que sean espectaculares. Desde el punto de vista

PIDÁMOSLE A DIOS SABIDURÍA PARA LOGRAR QUE CADA ACTIVIDAD SE ALINEE A SUS INTENCIONES PARA NUESTROS MINISTERIOS

del discipulado, aun la espectacularidad de un programa es sencillamente como herramienta pedagógica (y no para que te luzcas). Los objetivos de fondo son favorecer convivencia, crear interés y facilitar lecciones prácticas en las que modelar principios.

Piensa en todas estas actividades desde las perspectivas del propósito del discipulado y les encontrarás una nueva dimensión:

- Una caminata al aire libre
- Practicar un deporte
- Subir una montaña
- Nadar juntos
- Plantar o cuidar una planta o árbol
- Leer un libro
- Visitar enfermos, ancianos o huérfanos
- Ver una película
- Ir al teatro, circo, danza, etc.
- Realizar un proyecto de carpintería
- Tocar o cantar una canción que puedan analizar juntos
- Visitar a un familiar

Las posibilidades son ilimitadas.

ACTIVIDADES CON PROPÓSITO

Pidámosle a Dios sabiduría para lograr que cada actividad se alinee a sus intenciones para nuestros ministerios.

ALGUNOS CAMBIOS DE PARADIGMAS:

- La recreación, el juego y la convivencia son excelentes herramientas ministeriales cuando se hacen con propósito.

- Las actividades planificadas fuera del templo son tan ricas y necesarias como las que suceden dentro.

- El discipulado no se reduce a que escuchen sino que debemos lograr que vean y hagan y por eso es necesario crear estas instancias con nuestros programas.

IMPLEMENTA IDEAS QUE CAMBIEN LA CULTURA:

- Planifica a largo plazo y comparte el plan con todos los que puedas.

- Presenta un informe público de todas las actividades que realices fuera del templo. Siempre es mejor cuando todos se van enterando de las riquezas que se consiguen en el discipulado personal.

- Transmíteles con insistencia a todos los involucrados en tu ministerio la idea de que tu misión no es que escuchen una proposición bíblica en silencio y digan amén. Promueve una cultura de convivencia, acciones y experiencias y no solamente de sermones y clases.

PRINCIPIO 10
EL LLAMADO ES PARA TODOS

«El discipulado no es una opción».
Tim Keller

Pensar que solo los pastores tienen el llamado de discipular a otros es una tontería. La gran comisión de ir y hacer discípulos (Mateo 28:16-20, Marcos 16.14-18, Lucas 24.36-49 y Juan 20.19-23) fue dada a todos los discípulos.

Si reconocemos a Jesús como nuestro salvador y Señor entonces tenemos un llamado al discipulado.

Todos los cristianos debemos discipular, y hacerlo es uno de los regalos más tremendos que podemos hacerle a nuestro crecimiento porque todos aprendemos enseñando. Todos hemos recibido algo que podemos dar y hemos aprendido algo que podemos enseñar. En el camino, algunos se llenan de temor, o de justificaciones, pensando que hay que prepararse mucho o que pueden cometer algún error, pero la noticia es que todos estamos en proceso de aprendizaje porque nunca dejamos de ser discípulos, y claro que vamos a cometer errores. Eso no es ni una novedad ni una tragedia.

Si Cristo confía en nosotros para esta tarea, debe ser porque podemos hacerlo.

Si la iglesia continúa con el pensamiento de que un sermón es suficiente para hacer discípulos, entonces seguiremos viendo pastores agotados y continuaremos convirtiendo a los buenos predicadores en celebridades porque hablan bien aunque no consigan lo que Dios quiere que consigamos. Dios quiere discípulos y no personas

SI RECONOCEMOS A JESÚS COMO NUESTRO SALVADOR Y SEÑOR ENTONCES TENEMOS UN LLAMADO AL DISCIPULADO

con buena moral y algo de conocimiento bíblico que se porten como cristianos en un templo el fin de semana.

Discípulos.

Los sermones, los cantos y el templo son herramientas y no objetivos y cuando son bien usados ayudan a que produzcamos... discípulos de Jesús. Y qué gran noticia es que hay otras herramientas y mecanismos modelados por el mismo Jesús para lograrlo.

Y ahí aparece la acción más importante de todas: modelar, ser modelo. Algo que los adultos y aún los jóvenes siempre hacemos para las nuevas generaciones aunque no seamos conscientes de que lo hacemos. Toda la propuesta del Liderazgo Generacional está ligada a esta realidad y nos invita a ser intencionales con ella. Todos los adultos cristianos están involucrados en el discipulado de los jóvenes aunque quizás sin saberlo. Los jóvenes están listos para discipular a los adolescentes porque ya les están modelando de qué se trata la siguiente etapa y los adolescentes, a su vez, están haciendo lo mismo con los preadolescentes y los preadolescentes son mirados por los niños. Es un proceso natural y es mucho más eficaz cuando somos conscientes y lo hacemos con devoción, astucia y fidelidad.

ALGUNOS CAMBIOS DE PARADIGMA:

- El discipulado es tarea de todos los hijos de Dios.
- Los pastores y líderes que no muevan a todos a discipular, tarde o temprano se agotarán o caerán en la superficialidad, o ambas cosas.
- El discipulado es algo que ya podemos estar haciendo sin darnos cuenta pero que podemos mejorar exponencialmente si lo comenzamos a hacer de manera intencional.

IMPLEMENTA IDEAS QUE CAMBIEN LA CULTURA:

- La importancia del discipulado debe comunicarse en privado y en público y continuamente.

- Delega autoridad y no solo trabajo en tu equipo de trabajo y voluntarios.

- Celebra lo que Dios celebra y no lo que ya celebra el mundo (como la fama, la afinación, la belleza o la elocuencia).

- Involucra en el ministerio y el discipulado a las nuevas generaciones a edad temprana. Ellos ya nos están mirando.

SECCIÓN 2

10 LECCIONES PARA DISCIPULAR ADOLESCENTES

El discipulado es un llamado a una aventura emocionante, y es también un enorme desafío.

La etapa de la adolescencia se caracteriza por la enorme cantidad de emociones, ideas, pensamientos, y opciones que surgen en el desarrollo de la identidad. Cuando trabajamos en el discipulado de adolescentes, estamos edificando las bases del carácter y la personalidad que regirán sus vidas en el futuro. Por esa razón, cada lección que llevemos adelante, cada reunión, y cada espacio individual de mentoreo y acompañamiento, deben ser un momento intencional para afirmar su identidad en Cristo y su carácter sobre esa roca. Además, debemos lograr darles a los discípulos todas las herramientas para que nunca lleguen a estancarse en una inercia religiosa.

Las siguientes lecciones están diseñadas bajo la secuencia o modelo «AFIRMA», que obedece al proceso desarrollado en el siguiente acróstico:

 Avalancha de ideas

 Fundamentos del tema

 Ilumínate con la verdad

 Reflexión personal

 Medita en un personaje

 Acciones concretas

Como verás, cada letra conduce a una imagen que refleja la intención de cada paso en este proceso de discipulado. Este modelo «AFIRMA» facilita un proceso de discipulado en el que tanto los maestros como cada aprendiz son desafiados a crecer y madurar.

Estos son los detalles de cada paso:

1. **Avalancha de ideas.** Recoge diversas opiniones acerca del tema propuesto: lo que se escucha entre los adolescentes, lo que se dice por las calles, y lo que la sociedad percibe desde distintos puntos de vista.

2. **Fundamentos del tema.** Es un compendio de fundamentos teóricos que nos ayudan a clarificar ideas y a generar un sustento bíblico, científico y filosófico sobre el tema propuesto.

3. **Ilumínate con la verdad.** Contiene el desarrollo bíblico necesario para formar al adolescente en los principios de la Palabra de Dios. Los criterios expresados apuntan a que los adolescentes puedan encontrar en la Escritura las respuestas a todas las problemáticas de la vida.

4. **Reflexión personal.** Abarca preguntas que ayuden al adolescente a adquirir un criterio adecuado sobre el tema en base a su propio análisis. Puede incluir discusiones abiertas para escuchar las opiniones de otros miembros del grupo.

5. **Medita en un personaje.** En esta sección apostamos por hablar de dos personajes. El primero será un personaje de actualidad, conocido y admirado entre los adolescentes, y el segundo será un personaje bíblico.

6. **Acciones concretas.** Aquí discipulador y discípulo generan juntos un listado de acciones particulares para ser implementadas luego de haber terminado la lección. De este modo el tema no se queda en contenido teórico, sino que se impulsa al adolescente a poner en práctica lo aprendido.

10 LECCIONES PARA DISCIPULAR ADOLESCENTES

Esta secuencia también te servirá para crear otros temas y lecciones, o potenciar otros materiales de www.e625.com a los que puedas acceder.

Quien lidera el discipulado (¡tú!) deberá estudiar la lección y profundizar en ella para luego determinar el tratamiento que quiere darle a cada paso. Algunos temas serán más candentes y otros más urgentes, dependiendo del contexto de los discípulos, así que algunas lecciones podrían durar una, dos, o tres semanas, según lo que tú o tu equipo y el Espíritu Santo establezcan.

Sí.

Será indispensable que cada discipulador camine en una relación estrecha con el Espíritu Santo para que pueda ser guiado por Él y así impactar a una nueva generación de discípulos.

ADVERTENCIA:

A partir de aquí asumimos que ya le brindaste una cuidadosa lectura a las recomendaciones de la Sección 1, y que todos los miembros de tu equipo pasaron por un entrenamiento táctico previo para llevar adelante las lecciones que comienzan a continuación.

Ya dejamos en claro que los padres son los primeros llamados a discipular a sus hijos, así que no es una mala idea de que comiences este material con un minientrenamiento para ellos también, o al menos con una presentación previa informándoles que compartirás las siguientes lecciones de este proyecto de discipulado con sus hijos.

Este proyecto intenta movilizar a más personas para que asuman el desafío de no seguir sentadas en una comodidad religiosa, sino que sean de ayuda a las generaciones que vienen detrás, dentro y fuera de las reuniones o los templos.

LECCIÓN 1
LA MONTAÑA RUSA DE LAS EMOCIONES

«El poder transformador de Jesús para sanar nuestra vida espiritual se encuentra en la unión de la salud emocional y la verdadera espiritualidad».
Peter Scazzero (*Espiritualidad emocionalmente sana*)

Los conductores revientan de adrenalina cada vez que encienden los motores de sus automóviles adaptados. Música en alto volumen, algunos chicos musculosos y algunas chicas atractivas, y las emocionantes apuestas en las carreras urbanas ilegales. Velocidad, aventura, competencia, y en medio de todo, historias de amor que se van entretejiendo en la trama de las persecuciones. Toda esta combinación de factores es la que le dio un gran éxito a la clásica saga de *Rápidos y furiosos*. En las primeras entregas, la producción era simple y con actores desconocidos, pero el vértigo de tantas emociones juveniles le aseguró a estás películas un éxito rápido y furioso.

Así quieren vivir la vida los adolescentes, ¿cierto? Y si no, al menos pareciera que lo hacen, porque sin demasiada producción ni saltos acrobáticos o explosiones, algunos de ellos experimentan sus emociones como en una película.

En este tipo de películas la clave está en lograr llevar a los espectadores a identificarse con los protagonistas, a sentirse valientes y capaces de realizar las más increíbles hazañas, y llega un punto en el que todo cruza la línea de la realidad.

Caídas impresionantes, saltos entre edificios, autos flotando en paracaídas, milagrosas proezas, y nosotros nos quedamos embobados mirando aunque nuestras mentes saben que todo eso es imposible. ¿Por qué nos atrae aunque sea tan fantasioso? Porque se conecta con nuestros deseos. Es importante que sepas que tus adolescentes quizás no quieran tirarse en paracaídas, pero si quieren vivir vidas emocionantes, ser atractivos y hacer algo significativo, y para eso deben aprender a trabajar en sus emociones.

Inicia tu grupo de discipulado haciendo referencia a estas películas, u otras que les gusten a tus adolescentes, y pregúntales por qué son emocionantes y por qué le atraen a tanta gente. Pregúntales cómo les hacen sentir a los fans (y no a ellos), y te tirarán varias teorías insólitas también.

Claro que otra opción es hacer un juego o una dinámica que les permita experimentar diferentes emociones (tienes varios en www.e625.com y en los libros de ideas), o comenzar esta lección en algún parque de diversiones con montañas rusas y juegos de esos que les fascinan a los adolescentes. La idea es disparar el tema de las emociones para ayudarlos a entrar en la conversación.

 AVALANCHA DE IDEAS

Los cambios de humor son una característica clásica de la etapa de la adolescencia. Puedes investigar un poco acerca de esto en páginas de psicología. Sin embargo, para conocer a los adolescentes, el recurso más poderoso que tienes son ellos mismos. Plantea diferentes situaciones hipotéticas y pídeles que te digan lo que sentirían en cada una de ellas.

AQUÍ HAY ALGUNAS SUGERENCIAS:

- Manejar un auto de carreras.

- Ganar un premio Oscar o un Grammy.

- Llamar la atención de todos modelando en una pasarela.

LA MONTAÑA RUSA DE LAS EMOCIONES

- Arrojarse de un avión con paracaídas.
- Cuando su equipo gana un campeonato internacional.
- Cuando alguien que les gusta, los mira.
- Cuando pasan vergüenza por algo.
- El divorcio de los padres.
- Cuando alguien traiciona su confianza.
- La muerte de un ser querido.

La pregunta siempre es: «¿Cómo te haría sentir esta circunstancia?». Incluso, dependiendo de tu grupo, puedes desafiarlos a actuar estas situaciones de a dos (y te sorprenderá cuántos buenos actores y actrices tienes).

Observa que los ejemplos, aunque no siguen un orden estricto, van de la alegría hacia la tristeza. Tómate el tiempo para explorar cada idea hasta que el grupo pueda sentir alguna emoción. Intenta que imaginen la situación cerrando sus ojos, o, como dijimos, actuando la propuesta.

Al finalizar, y si no surgió ya naturalmente, puedes pedirles a dos de ellos que cuenten alguna vivencia personal en la que hayan experimentado una emoción muy fuerte. Es común que los chicos y chicas de esta edad vivan con mucha intensidad las emociones en las distintas situaciones que les toca atravesar, y la idea del discipulado es que los adolescentes puedan sentirse acompañados por alguien más maduro mientras atraviesan esta fase de la vida.

📝 FUNDAMENTOS DEL TEMA

Ahora es necesario enseñarle a tu grupo un poco acerca de los sentimientos y las emociones. La diferencia entre estas dos palabras se explica de la siguiente manera:

Las emociones son intensas, de corta duración. Conllevan una gran dosis hormonal y, así como aparecen súbitamente, de la misma forma desaparecen. Algunos ejemplos de emociones pueden ser: ira, alegría, rabia, o pasión.

Los sentimientos son más lentos en aparecer, surgen de a poco, y la experiencia se mantiene por más tiempo. Por ejemplo: la ilusión del enamoramiento, la tristeza, un enojo leve, o la frustración. De todas maneras, algunos sentimientos pueden llegar a ser muy intensos y mantenerse así durante un largo tiempo y hasta convertirse en patologías como la depresión.

LOS ADOLESCENTES NECESITAN EXPERIMENTAR AMOR INCONDICIONAL

Es importante que tus adolescentes sepan que la etapa que están viviendo es una temporada de muchos altibajos emocionales, y que eso es normal. Aunque para ellos pueda ser difícil de sobrellevar, si conocen más del tema al menos podrán tomárselo de mejor manera. Los cambios de humor durante la adolescencia son frecuentes, imprevistos, y sin ningún motivo aparente. Nosotros, como discipuladores, debemos estar atentos a ellos mientras acompañamos a nuestros chicos y chicas en esta etapa.

Algo para no olvidar es que debemos estar conectados también con sus padres. Muchas veces los adolescentes viven situaciones en las que necesitan que aquellos a quienes más aman estén dispuesto a escucharlos y amarlos incondicionalmente. Los padres deben ser entrenados en esto, y también advertidos sobre los cambios emocionales que sus hijos están experimentando o van a experimentar.

📖 ILUMÍNATE CON LA VERDAD

Hay algunas emociones que son positivas, mientras que otras pueden ser peligrosas si las dejamos anidar. La Palabra de Dios, así como para todos los aspectos de la vida, contiene algunos consejos sobre esto, consejos que nos pueden servir para entender y manejar mejor nuestras emociones. Veamos, por ejemplo, Proverbios

LA MONTAÑA RUSA DE LAS EMOCIONES

15. (Puedes leer todo el capítulo si deseas ir más profundo con tu grupo, pero aquí analizaremos solo algunos versículos).

«La respuesta amable calma el enojo, pero la respuesta grosera lo hace encenderse más». (v.1)

«El corazón feliz, alegra la cara; el corazón lastimado, entristece el espíritu». (v.13)

«Para el afligido, todos los días traen problemas; para el de corazón alegre, todos los días son de fiesta». (v.15)

«El que se enoja fácilmente provoca peleas; el que controla su enojo las apacigua». (v.18)

Como puedes ver, ¡el libro de Proverbios trae mucha sabiduría! Aquí hemos elegido estos cuatro versículos para tomar ejemplos de emociones y de cómo manejarlas:

- El verso 1 nos habla del enojo. Todos podemos enojarnos, pero hay una alternativa real y 100% efectiva para calmar el enojo de otra persona, y esta es responder amablemente.

- El verso 13 nos habla de la alegría y del corazón feliz. La alegría puede cambiar el rostro de una persona. Pero también allí está la antítesis, la tristeza, que puede provocar un espíritu acongojado.

- El verso 15 habla de las aflicciones y la tristeza. No existe una sola persona en el mundo que no sienta tristeza, y es bueno sentirla cuando hay causas legítimas como la muerte de un ser querido. Pero tenemos que aprender a canalizarla positivamente, y nunca perder la alegría que produce el agradecimiento.

- El verso 18 habla nuevamente del enojo y de cómo este se relaciona con las peleas. Pero también nos presenta un dato esperanzador: ¡el enojo puede ser controlado!

Veamos ahora un texto en el que Pablo les habla a los creyentes de la iglesia de Corinto acerca de la tristeza:

> «La tristeza que proviene de Dios produce el arrepentimiento que lleva a la salvación, de la cual no hay que arrepentirse, mientras que la tristeza del mundo produce la muerte».
> **2 Corintios 7:10 (NVI)**

Aquí el apóstol Pablo está haciendo un juego de palabras y estableciendo un contraste. Hay dos tipos de tristezas. La que tiene que ver con la culpa, que se disipa con el arrepentimiento, y por otro lado la tristeza del mundo, que tiene que ver con la ansiedad que transmite la sociedad y que no produce nada bueno en nosotros.

Cuando pecamos, el Espíritu Santo nos habla a la conciencia, y esta nos llena de tristeza con el objetivo de que dejemos el pecado y volvamos a acercarnos a Dios (lo cual, para Pablo y para la Biblia en general, es sinónimo de vida). Por el contrario, la tristeza que produce el mundo suele ser una ansiedad por no sentirnos suficientemente amados, y eso va matando nuestro corazón.

Así que: ¡hablemos también de amor!

La Palabra de Dios dice muchas cosas acerca del amor, pero algo que es sumamente importante es saber distinguir entre el amor espiritual y el amor sentimental o romántico. Son dos cosas diferentes.

El amor romántico es un sentimiento humano que te acerca a una persona con la intención de establecer una relación de pareja, aunque también amamos sentimentalmente a personas cercanas con quienes hemos vivido cosas importantes. En la etapa de la adolescencia, con el cúmulo de emociones y sentimientos que se mezclan disparando actitudes y conductas imprevisibles, es necesario que los chicos y chicas se den cuenta de que no es una etapa en la que el amor de esta naturaleza pueda ser manejado con sabiduría. El error de muchos adolescentes es pensar que sí pueden.

Pero hablemos también del amor espiritual, o el amor ágape. Este es un amor diferente, que no se limita a las emociones humanas, sino que trasciende hasta la eternidad. Esta clase de amor nos hace tomar decisiones maduras y conscientes.

> *«Y mi mandamiento es este: que se amen unos a otros como yo los amo. Nadie tiene más amor que el que da la vida por sus amigos. Ustedes son mis amigos si hacen lo que yo les mando».*
> **Juan 15:12-14**

¡Qué impactante versículo! Nos dice que el amor, como sentimiento humano, tiene sus limitaciones, ¡pero el amor que aprendemos de Dios es una locura! Ninguna clase de amor humano es mayor que el de quien da la vida por alguien más. Por otra parte, el versículo 14 nos dice que seremos considerados amigos de Dios (en el amor ágape), si hacemos lo que Él nos manda, es decir, si somos obedientes.

Es interesante observar que para los seres humanos el amor habitualmente se mide en base a lo que sentimos, mientras que el amor genuino y espiritual se mide en base a cuán obedientes somos a las instrucciones de Dios. También podemos ver que cuando no existe el amor ágape en la vida de las personas, se dejan llevar por el amor erótico, pasional, sentimental, humano y limitado.

¿Con qué clase de amor quisieras que te amen a ti?

Las emociones compiten dentro nuestro por salir, y nosotros podemos alimentar las mejores de ellas.

REFLEXIÓN PERSONAL

Prepara unos carteles simples, uno por cada emoción, o escríbelas en una pizarra, o envíalas por teléfono si tú reunión es virtual. (También puedes incluir en los carteles las definiciones de cada una). Unos seis carteles estarían bien. Luego pídele al grupo que cada uno cuente alguna historia personal con la emoción que elija, para descartar la palabra. Tú puedes romper el hielo contando una historia propia.

Tal vez lo puedas hacer con alguna de las que sean más difíciles, como por ejemplo el rencor.

Esto es voluntario, y cada uno podrá compartir lo que quiera, pero tú como discipulador debes estar atento a las emociones que muestra cada chico o chica mientras cuenta su historia. Indicarles cuánto tiempo tiene para hablar cada uno, y que se vayan descartando las palabras, te ayudará a darle más ritmo y un sentido de meta a la actividad.

El propósito principal aquí no es generar risas o lágrimas en el grupo, sino que se vuelvan un poco más vulnerables a medida que abren su corazón para contar algo personal, y también que puedan descubrir que otros han vivido experiencias similares. Este tipo de actividades siempre es mejor si se realiza en grupos pequeños, lo cual es genial porque justamente de eso se trata el discipulado.

MEDITA EN UN PERSONAJE

BILLIE EILISH

Los premios Grammy del 2020 otorgaron cuatro preseas a Billie Eilish en reconocimiento por sus canciones. A pesar de tener apenas 18 años de edad, esta artista revelación demostró su capacidad para codearse con los grandes de la música. Millones de adolescentes aman sus canciones y otros las odian, pero, por una u otra cosa, llegó a estar en boca de todos.

A los 14 años alcanzó la fama con su primer sencillo *Ocean Eyes* y lejos de lo que se podría suponer, este éxito no fue suficiente para ayudarla a salir de sus depresiones constantes. Billie ha recibido tratamiento para el manejo de este tipo de emociones, sin victoria aún (según cuenta ella misma en sus entrevistas). Cualquiera podría pensar que tener éxito y dinero a montones debería ayudarla a llevar una vida emocional estable, pero no es así. Por el contrario, al igual que para muchos de los que viven en el ámbito artístico, el éxito se ha vuelto su propia prisión.

PREGUNTAS PARA LOS DISCÍPULOS:

- ¿Qué le falta saber a Billie Eilish?

- ¿Qué suelen sentir los que escuchan su música?

- ¿Qué tipo de lecciones deja la historia de Billie? ¿Por qué?

Lleva a tus discípulos a compartir algunas ideas sobre la depresión y otros sentimientos similares que les agobian. De seguro algunos de ellos han lidiado o están lidiando con alguna forma de depresión, y el que logren hablar de ello será el principio para poder ayudarlos.

SAÚL

El primer rey de Israel se llamaba Saúl y encontramos su historia en el primer libro de Samuel, a partir del capítulo nueve. La historia bíblica dice que Saúl fue ungido para ser rey por el profeta Samuel, y también que era un hombre muy alto y hermoso, y que fue honrado y respetado por todo el pueblo de Dios. Ganó muchas batallas y fue un buen rey en sus primeros años de gobierno, pero había algo que no lo dejaba en paz: Saúl no se creía muy capaz para hacer lo que Dios le había llamado a hacer. Él se sentía inferior, y ese sentimiento lo llevó a cometer varios errores.

Aunque en un principio tenía un buen corazón, su alma fue cambiando y empezó a desobedecer ciertas órdenes específicas de Dios, lo que, a la larga, acabó con su reinado. Saúl estaba equivocado a tal punto que, en una ocasión, el mismo profeta Samuel tuvo que ir a corregirlo, diciéndole que era mejor obedecer a Dios que el sacrificio de muchas ovejas. Esto, porque Saúl pensaba que con hacer muchos sacrificios iba a compensar su desobediencia.

CONTROLAR LAS EMOCIONES EN LA ETAPA DE LA ADOLESCENCIA PUEDE PARECER UN RETO MUY GRANDE, PERO NO ES IMPOSIBLE

En las últimas etapas de su reinado, ya Saúl se sentía afligido, abrumado por la condición de su alma, y en determinado momento conoció a David, un pastor de ovejas que, con el toque de su arpa, lograba calmar ese sentimiento de angustia que lo perseguía. Sin embargo, eso tampoco duró demasiado. Luego de que David derrotara al gigante Goliat, Saúl empezó a desarrollar muchos celos y envidia en contra de este joven guerrero que se había ganado el favor del pueblo. Todos aclamaban a David, y Saúl se sentía celoso y desconfiado. Así, poco a poco perdió la confianza en él, y sus emociones lo llevaron a perseguir a David quien, para aquél entonces, ya había sido ungido como el nuevo rey de Israel.

Saúl no tuvo un buen final... y en gran parte fue porque no supo manejar sus emociones de forma adecuada.

PREGUNTAS PARA LOS DISCÍPULOS:

- ¿Qué haces cuando sientes envidia de alguien?
- ¿Cómo manejas esta y tus otras emociones negativas?

ACCIONES CONCRETAS

Controlar las emociones en la etapa de la adolescencia puede parecer un reto muy grande, pero no es imposible. Una de las claves para esto es conocer las bondades del Espíritu de Dios en nosotros. Cuando observas la lista de manifestaciones del fruto del Espíritu en el libro de Gálatas, verás que tienen mucho que ver con un desarrollo en la dimensión espiritual de cada persona, que le ayuda a manejar de forma adecuada las emociones.

«En cambio, este es el fruto que el Espíritu produce en nosotros: amor, gozo, paz, paciencia, benignidad, bondad, fidelidad, humildad y dominio propio.

LA MONTAÑA RUSA DE LAS EMOCIONES

No hay ley que condene estas cosas».
Gálatas 5:22-23

Prueben el ejercicio de escribir una lista de las manifestaciones del fruto del Espíritu de Dios (que son nueve) y, a la par, ir identificando las posibles emociones que se relacionan con ellas.

MANIFESTACIONES DEL FRUTO DEL ESPÍRITU DE DIOS	EMOCIONES Y SENTIMIENTOS HUMANOS CON QUE SE RELACIONAN (ALGUNOS SON POSITIVOS, OTROS NEGATIVOS)
Amor	Ilusión, enamoramiento, ternura, pasión, amistad, odio, …
Gozo	Alegría, júbilo, euforia, tristeza, nostalgia, melancolía, …
Paz	Preocupación, aflicción, tranquilidad, intranquilidad, …
Paciencia	Impaciencia, frustración, desesperación, apatía, …
Benignidad	Ira, enojo, interés, envidia, compasión, …
Bondad	Maldad, maquinaciones, indolencia, celos, compasión, …
Fidelidad (Fe)	Traición, confianza, desconfianza, esperanza, miedo, temor, …
Humildad	Orgullo, resentimiento, rencor, desaliento, …
Dominio propio	Vergüenza, culpa, tensión, tolerancia, …

La lista de emociones y sentimientos que se podrían incluir en cada fila de este cuadro es interminable, pero algo queda claro: las manifestaciones del fruto del Espíritu de Dios tienen su contrapartida en las emociones y sentimientos que experimentamos. Por eso, el manifestar todos los atributos de ese fruto no se logra en una semana, ni en un mes. Para ello se requiere de toda una vida.

Teniendo esto en cuenta, ¿qué les parece si hacemos un plan para el futuro? Un compromiso delante de Dios en donde cada discípulo pueda, en primer lugar, identificar aquellas emociones que usualmente no puede manejar. Luego, en respuesta a esa incapacidad, deben encontrar aquella dimensión del fruto del Espíritu con la que se relaciona, y pedirle a Cristo que comience a transformar esa área de su vida. Lo que tú puedes hacer es guiarlos hacia eso con algunas preguntas:

- ¿Cuáles, de las muchas emociones que existen, son las que te dominan?
- ¿Usualmente, contra quién o contra qué cosas reaccionas de mala manera?
- ¿Cuál de las nueve manifestaciones del fruto del Espíritu de Dios crees que es la que más necesitas?
- ¿Qué acciones piensas que podrías tomar para que esta dimensión del fruto del Espíritu se haga realidad en tu vida?

LECCIÓN 2
IDENTIDAD Y AUTOESTIMA

«Los inmaduros usan más energía en verse bien que en ser mejores».
Lucas Leys (*Stamina*)

Quizás conozcas la película *The Truman Show*, pero es posible que tus adolescentes no. Todo sucede en un set de TV, pero el protagonista no sabe y cree que todo es real. Truman Burbank nació y creció entre la confabulación de actores y extras, todos adiestrados por el director de un *reality show* de televisión para mostrarle al mundo, a través de la pantalla, la vida de una persona en tiempo real.

El núcleo de la película *The Truman Show* radica justamente en la sospecha y búsqueda de Truman, quien se empieza a percatar de algunas cosas extrañas que suceden a su alrededor. Truman, interpretado por Jim Carrey, está buscando la verdad, está buscando saber quién es, mientras todos a su alrededor concentran su actuación en no dejar que Truman descubra esa verdad.

¿Quién es este hombre? Alguien que perdió su identidad gracias a que su vida es un *reality show* en vez de una vida de verdad. Todos en el mundo sabían quién era Truman. El único que no sabía quién era, era el mismo Truman.

Tristemente, la trama de esta película se parece a la vida de muchos adolescentes.

Utiliza este texto describiendo la película *The Truman Show*, o algún otro ejemplo similar, para presentarle el tema a tu grupo: en esta lección hablaremos sobre el desarrollo de una identidad clara con una autoestima sana. Comienza con estas preguntas:

- ¿Cómo te sentirías si de repente te enteraras de que tu vida ha sido un show de entretenimiento?

- ¿En quién podrías confiar si sospecharas que todos te mienten?

AVALANCHA DE IDEAS

Hace algunos años, no era usual que los adolescentes hablaran en voz alta de identidad o autoestima. Hoy por hoy, los términos están tan diseminados a través del internet que si le pides a un adolescente su opinión sobre la identidad o la autoestima, de seguro te dará una respuesta bastante acertada. Incluso algunos de ellos te darán un reporte psicológico de su condición, y se autodefinirán como alguien con alta o baja autoestima. Pero eso no significa que tengan claro el tema.

A pesar de tener tanta información al alcance de la mano con solo apretar un clic, la mayoría de los adolescentes no saben cómo sanar su sentido de valor si este no está en su lugar y, así, la mayoría camina por la vida sin un sentido de futuro ni una identidad definida.

Lanza las siguientes frases para que discutan si creen que son verdaderas o falsas, y por qué. (En esta parte solamente explora qué es lo que viene a sus mentes cuando escuchan estas afirmaciones, sin compartir tus opiniones personales).

- Las personas que admiras, como por ejemplo los famosos, definen tu identidad.

- Los adolescentes se dejan influenciar con facilidad por sus amigos.

- La identidad se obtiene cuando puedes parecerte lo suficiente a alguien más.

- Las cosas que otros dicen de ti definen tu autoestima.

- Los padres pueden elevar o hundir la autoestima de sus hijos.

- La autoestima sana no depende de los demás, sino de uno mismo.

- Alguien con baja autoestima es una persona débil.

> **A PESAR DE TENER TANTA INFORMACIÓN AL ALCANCE DE LA MANO LA MAYORÍA DE LOS ADOLESCENTES NO SABE CÓMO SANAR SU SENTIDO DE VALOR SI ESTE NO ESTÁ EN SU LUGAR**

Dales tiempo para responder a cada una antes de avanzar a la siguiente.

Al finalizar, pregúntales también:

- ¿Qué es la autoestima?

- ¿Qué es la identidad?

- ¿Cuál es la relación entre estos dos conceptos?

- ¿Crees que tienes una identidad clara? ¿Por qué sí, o por qué no?

- ¿Crees que tienes una autoestima sana? ¿Por qué sí, o por qué no?

FUNDAMENTOS DEL TEMA

Según el *Manual de consejería para el trabajo con adolescentes* de E625, la construcción de la identidad involucra tres etapas importantes y muy bien marcadas: la etapa del descubrimiento de sí mismo, la etapa de la formación del proyecto de vida, y la etapa de la inclusión de las distintas esferas de la vida.

La identidad se puede definir como el proceso de construcción de una persona en cuanto a su esencia, naturaleza, personalidad, vocación y, sobre todo, carácter.

Según las distintas ciencias, si bien hay algunos elementos genéticos que hacen a la identidad, esta es una construcción que hace cada individuo.

La constante grabación sensorial de momentos vividos desde la infancia sienta las bases de lo que vamos a ser en el futuro. Estos momentos se constituyen en hitos. Un hito es aquel recuerdo memorable que nos da una pauta de cómo reaccionar en cada instante de la vida.

El adolescente va a modelar su conducta en base a estos hitos, e inconscientemente querrá obtener aquello que sintió que no obtuvo en él. El famoso comportamiento extraño, irascible y antisocial de los adolescentes es parte de una búsqueda constante de «justicia emocional». Ellos están intentando completar lo que sienten inconcluso, y llenar lo que sienten vacío, y sus reacciones estarán basadas en esa búsqueda.

EL FAMOSO COMPORTAMIENTO EXTRAÑO, IRASCIBLE Y ANTISOCIAL DE LOS ADOLESCENTES ES PARTE DE UNA BÚSQUEDA CONSTANTE DE "JUSTICIA EMOCIONAL"

Si esos conflictos no logran ser resueltos, gran parte de la vida de la persona adulta se convertirá en una búsqueda por llenar aquellas carencias de la niñez y la adolescencia. Como discipulador, tú tienes una oportunidad preciosa para ponerle fundamentos firmes a su futuro. Además, podrás ser partícipe de esta etapa tan especial en la que se sientan las bases de sus proyectos de vida. Es ahora, en la adolescencia, como parte de la construcción de su identidad y autoestima, que ellos se plantearán las posibilidades de lo venidero... Y tú estarás allí para ayudarles.

En cuanto a la autoestima, deberás luchar junto a ellos contra diversas manifestaciones de la sociedad actual que afectan directamente la autoestima de los adolescentes. Algunos de los enemigos de una valoración personal sana pueden ser: el bullying, las relaciones tóxicas con personas cercanas, la violencia en el hogar, el divorcio de los padres, o las palabras minimizadoras y paralizantes que los adolescentes escuchan a diario. Las consecuencias de estos enemigos de la autoestima

IDENTIDAD Y AUTOESTIMA

pueden ser variadas: adicciones, comportamiento sexual inapropiado, deserción escolar, rebelión, depresión, etc.

Mucho de tu trabajo al discipular adolescentes consistirá en sacar estos temas a la luz para conversar sobre ellos y ayudarles a procesarlos mejor. Poner en evidencia lo que afecta a quienes discipulas será un buen primer paso para facilitarles la libertad de construir una autoestima más sana, desechando aquellos hitos que los han hundido y resaltando aquellos que son positivos.

ILUMÍNATE CON LA VERDAD

Lee con ellos los siguientes pasajes:

«Al llegar a Cesarea de Filipo, les preguntó: «¿Quién dice la gente que soy?».
–Bueno —le respondieron—, algunos dicen que eres Juan el Bautista; otros,
que eres Elías; y otros, que eres Jeremías o alguno de los profetas.
– ¿Y quién creen ustedes que soy?
– ¡Tú eres el Cristo, el Mesías, el Hijo del Dios viviente! —respondió Simón Pedro.
–Dios te ha bendecido, Simón, hijo de Jonás —le dijo Jesús—,
porque esto no lo aprendiste de labios humanos. ¡Mi Padre celestial
te lo reveló personalmente!».
Mateo 16:13-17

Esta porción de la Escritura nos muestra a Jesús dialogando acerca de su identidad y de lo que la gente decía de Él. Ellos le dieron algunas opciones, pero a Jesús en realidad no le importaba lo que la gente dijera de Él, sino lo que sus amigos más cercanos decían de Él. Por eso Él volvió a hacer la misma pregunta dirigida a ellos: «¿Y quién creen ustedes que soy?».

Para Pedro, esta conversación no solo fue importante. Fue definitoria. La afirmación de Pedro al decir que Jesús era el Mesías, el Hijo del Dios viviente, el Cristo, le dio un «pase espiritual» poderoso. *«Dios te ha bendecido»*, le dijo Jesús, y reconoció que esa revelación no venía de la sabiduría humana, sino de Dios mismo. Mira cómo continúa el texto:

> «Tú eres Pedro, y sobre esta roca edificaré mi iglesia, y los poderes del infierno no prevalecerán contra ella. Te daré las llaves del reino de los cielos: la puerta que cierres en la tierra se cerrará en el cielo; y la puerta que abras en la tierra se abrirá en el cielo».
> **Mateo 16:18-19**

Así, el tener en claro la identidad de Jesús cambió para siempre la vida de Pedro y le reafirmó el motivo por el cual Jesús le había cambiado el nombre, dándole sentido a su identidad espiritual. ¡Lo mismo puede pasar con nosotros!

Cuando clarificamos la identidad de Jesús, también clarificamos la nuestra.

PODRÍAMOS DEFINIR LA IDENTIDAD COMO EL PROCESO DE CONSTRUIR A UNA PERSONA

Además, cada uno de nosotros haría bien en repetir esta conversación reflexiva en su propia vida. Muchas veces prestamos demasiada atención a las opiniones de la gente, como los compañeros del colegio y otros compañeros circunstanciales, pero olvidamos que solamente las personas más cercanas son importantes en este sentido. Aquellos con quienes nos hemos abierto lo suficiente como para que conozcan lo más profundo de nuestro corazón son quienes mejor pueden opinar sobre nuestra identidad. Por eso es vital elegir con sabiduría quiénes serán esas personas, además de las que son parte de nuestra familia.

¡Los discipuladores deberíamos poder acceder a ese nivel con nuestros adolescentes! Que escuchen lo que tenemos que decir de ellos porque, gracias a la relación que estamos construyendo, podemos decirles cómo los vemos y quiénes son en realidad, a pesar de lo que les diga el mundo.

Ahora leamos juntos este pasaje de la Escritura que nos enseña la relación entre el amor de Dios y nuestra identidad:

IDENTIDAD Y AUTOESTIMA

> *«Miren cuánto nos ama el Padre que somos llamados hijos de Dios. ¡Y de veras lo somos! Como la mayoría de la gente no conoce a Dios, tampoco reconoce lo que somos».*
>
> **1 Juan 3:1**

¡Gracias a su amor infinito podemos llamarnos hijos de Dios! La condición de hijos nos hace ser parte de una familia de la cual Dios es el Padre, y por lo tanto Él es quien mejor puede asignarnos identidad.

De este pasaje podemos aprender dos cosas:

1. Dios, quien es perfecto, es también un padre perfecto, y si Él nos ama como a hijos… entonces podemos estar seguros de que nos ama de manera especial.

2. Quienes no conocen a Dios no pueden reconocernos como hijos de Dios, y por eso siempre van a asignarnos una identidad equivocada.

Conocer todo esto es clave para la construcción de la identidad. El mayor reto para un adolescente (y para todo el mundo) en la construcción de su identidad es poder verse como Dios lo ve, reconociendo la roca sobre la cuál construir en quién va a convertirse.

> **EL MAYOR RETO PARA UN ADOLESCENTE EN LA CONSTRUCCIÓN DE SU IDENTIDAD ES PODER VERSE COMO DIOS LO VE**

Saber lo que Dios piensa de nosotros nos levanta la autoestima. Por el contrario, escuchar lo que dice el diablo en contra nuestro nos hace perdernos en la duda y la vergüenza, y nos hace sentirnos incapaces de ser lo que Dios dice que somos.

👤 REFLEXIÓN PERSONAL

Este es el momento de ayudar a tus adolescentes a reflexionar en lo que hay en su corazón con las siguientes preguntas:

- ¿A quién estás escuchando? ¿Escuchas las verdades de Dios acerca de tu vida, que te levantan y te impulsan hacia el cumplimiento de tu propósito, o escuchas las mentiras del enemigo que te hunden en un pozo sin fondo?

- ¿Qué es necesario hacer hoy para construir el futuro que cada uno quiere?

- ¿Qué cosas positivas tenemos para lograr aquello que nos hemos propuesto?

- ¿Qué actitudes deberíamos cambiar?

- ¿Qué tipo de identidad estamos construyendo?

- ¿Con quiénes deberíamos ponernos a cuentas, pedir perdón, perdonar, etc.?

 MEDITA EN UN PERSONAJE

SELENA GÓMEZ

Selena Gómez llegó a ser una de las actrices de Disney más reconocidas a nivel mundial. Su apoyo a proyectos de ayuda social como A21 (en contra el comercio ilegal de personas) trascendió en muchos medios, y se la vio cantando en algún evento especial en una iglesia muy popular.

Sin embargo, todos sabemos que la mayoría de los niños o adolescentes de Disney han tenido diversos problemas para enfrentar su popularidad, y ella no fue la excepción. Imagina que tu vida deja de ser privada y pasa a ser pública, y que de todo lo que haces o dices se enteran millones de personas de todos los idiomas y culturas. ¡Eso no es fácil para nadie!

IDENTIDAD Y AUTOESTIMA

Así le sucedió a Selena, quien en muchas de sus entrevistas manifestó luchar contra la depresión y la ansiedad, al punto de tener que asistir a terapia de manera continuada.

Cualquiera podría preguntarse: ¿cómo puede ser que una chica de gran éxito, admirada por muchos por su talento y su belleza, se sienta deprimida? La respuesta es muy simple, y es que si nuestra identidad y autoestima están basadas en cosas pasajeras como la belleza, o en las que debemos esforzarnos tanto como la performance de un talento, entonces nunca sentiremos que es suficiente lo que hacemos.

Este puede ser un buen momento para orar por algunos artistas, cantantes, actores y actrices, y otros miembros del mundo del espectáculo que necesitan entender lo que Cristo puede hacer si le permiten entrar en sus vidas.

PREGUNTAS PARA LOS DISCÍPULOS:

- ¿Por qué crees que tanta gente admira a las estrellas de la TV o de las redes?
- ¿Cuál es su verdadero mérito?
- ¿Por qué la popularidad no es una fuente confiable de identidad y autoestima?

JUAN, EL APÓSTOL

Aquí estamos hablando nada más y nada menos que del escritor del evangelio más íntimo de la Biblia, y también de aquel a quien le fue entregado el libro de Revelaciones o Apocalipsis. Pero no son solo esos libros de la Biblia los que nos permiten conocer en profundidad a este apóstol sino, más que todo, sus cartas pastorales.

Juan escribió de forma muy íntima. Su evangelio es llamado «el evangelio del amor», de seguro porque la intención del autor era dar a conocer al mundo ese amor sobrenatural que había experimentado al estar cerca de Jesús. Por otra parte, algunos miran los mensajes a las iglesias narrados en los primeros capítulos del libro de Apocalipsis como las advertencias rígidas de un Dios que hace justicia. Sin embargo, al leer los escritos de Juan, vemos que él no hablaba de forma trágica, sino de la protección y de la profunda preocupación de Dios por los seres humanos.

Cuando Juan inicia sus cartas, habla a sus discípulos diciéndoles «hijitos». Un afecto tan entrañable no es solo una cualidad de la personalidad, sino una clara evidencia de haber recibido ese mismo afecto del Padre Eterno. Juan considera como una gran muestra de amor el hecho de ser llamados hijos por Dios. Juan estaba seguro de quien era en Cristo, y el conocer a Dios en profundidad a través de Jesús le permitió hablar como habló.

PREGUNTAS PARA LOS DISCÍPULOS:

- ¿Podrías decir cosas similares a las que dijo Juan? ¿Por qué sí, o por qué no?
- ¿De qué manera es Juan alguien digno de imitar?

ACCIONES CONCRETAS

Gran parte del trabajo de un discipulador consiste en involucrarse en la vida de aquellos a quienes está discipulando, contactando a su familia, y creando algunos encuentros casuales y otros intencionales donde se pueda ir más a fondo en el proceso de acompañamiento.

Recuerda que es muy posible que cualquier acción concreta que realices en este proceso se convierta en un hito: un recuerdo memorable que servirá de referente en la vida de ese muchacho o muchacha. Lo recordará por siempre, y muchas de sus acciones futuras tendrán la influencia de aquel recuerdo.

¿Qué hitos puedes crear en tu relación con tus discípulos?

IDENTIDAD Y AUTOESTIMA

AQUÍ TIENES ALGUNAS IDEAS:

- **Reconocimiento público.** Imagina crear un espacio dentro de los cultos o de las reuniones de adolescentes, para reconocer las cosas positivas que tiene cada chico o chica. Resaltar sus éxitos, sus talentos, darle gracias por sus buenas acciones, y darle impulso para seguir adelante. Si cada semana te enfocas en uno o dos de ellos, a lo largo del año puedes alcanzar a todos los adolescentes.

- **Reunión de autoestima.** Organiza una reunión para que los adolescentes se digan cosas positivas entre ellos, principalmente acerca del futuro. Será mejor si lo haces en un grupo pequeño. Ponles a todos la meta de imaginar cómo será cada uno de los demás chicos y chicas dentro de 5 o 10 años. Adviérteles que no vean cosas negativas sino positivas: éxitos profesionales, uso de sus talentos, relaciones personales saludables, etc.

- **Visita su casa.** Puedes agendar una visita para conversar con sus padres y decirles todo lo positivo que observas en cada discípulo. Enfócate en los talentos y habilidades que ves que tiene. Estate atento por si alguno de los padres intenta usar ese momento para quejarse del comportamiento de su hijo o hija. Deberás ser muy hábil y sabio para tornar la queja en una posibilidad de cambio positivo para el futuro.

Recuerda que este material no está diseñado para avanzar apurados con tal de cumplir un currículo, sino que puedes extenderlo tanto como quieras. Podrías usar una semana para cada tema, o hasta un mes si quisieras, pues tal vez de una lección quieras desprender varias sesiones, actividades y temáticas que atender para completar un proceso más profundo en el desarrollo de quienes tienes bajo tu cuidado.

LECCIÓN 3

EXPLOSIONES INTERNAS

«La humildad era parte de la belleza del carácter y del trato de Cristo, y un oasis donde se refrescaba su liderazgo».
Lucas Leys (*El mejor líder de la historia*)

¿Cuál es el personaje de películas más famoso por sus explosiones de ira?

La respuesta es casi inequívoca.

Por supuesto, ¡Hulk!

Hulk era un científico que, haciendo experimentos con rayos gamma, terminó siendo afectado en su genética para siempre. Todos conocemos el resultado: Bruce Banner puede vivir su vida tranquilamente y con normalidad, pero solo hasta que alguien lo saque de sus casillas. ¿Qué sucede entonces? Una explosión interna. Cada célula de su cuerpo comienza a cambiar, convirtiéndolo en una monstruosa figura de color verde.

¿Conoces gente así? ¡Seguro que sí! Y no es nada lindo, ¿verdad? Sin embargo, esto nos puede pasar a todos si no lo ponemos temprano bajo control.

🧠 AVALANCHA DE IDEAS

En la Lección 1 mencionamos algunos aspectos de las emociones, pero ahora hablaremos del carácter, aclarando que, aunque están relacionados, no son la misma cosa.

Pídeles a tus adolescentes que completen la siguiente encuesta (¡y hazlo tú también!). En esta lista de «defectos del carácter», cada uno deberá elegir un número del 1 al 5 para representar su situación personal (1 si es algo que no lo controla para nada; 5 si reconoce que es un gran defecto en su vida). De esta forma podrán evaluar cuáles son los aspectos más urgentes sobre los que deben trabajar.

Envidia _____	Autoritarismo _____	Iniciar cosas que luego no termino _____
Deseos de venganza _____	Irritabilidad _____	No reconocer mis propias equivocaciones _____
Egoísmo _____	Pereza _____	Arrogancia _____
Orgullo _____	Celos desmedidos _____	Tendencia a mentir _____
Vanidad _____	Apatía _____	Autojustificación _____
Rencor _____	Agresividad _____	Inestabilidad emocional _____
Intransigencia _____	Mal humor _____	Crítica constante _____
Temores irracionales _____	Posesividad _____	Dependencia de otros _____

A veces es difícil ser objetivos al evaluarnos a nosotros mismos, ¿verdad? Una segunda propuesta es que puedas enviar a tus adolescentes con este listado de «defectos del carácter» y les pidas que encuentren algunas personas cercanas que los conozcan bien, y que les soliciten llenar la misma encuesta. Los padres y hermanos pueden ser buenos candidatos, pero también funcionará con sus amigos más cercanos. Incluso tú, como discipulador, podrías hacer una evaluación también de cada uno de aquellos a quienes te encuentras discipulando, aunque es necesario que destaques que lo importante no es poner un puntaje sino evaluar para amar y ayudar mejor.

Al final de este proceso, recogerán los datos y los compararán. A muchos podrá resultarles una sorpresa observar las diferencias entre su propia evaluación y las de los otros. Y será muy interesante para cada uno conocer la forma en que otros lo ven, sobre todo si son personas con quienes conviven o personas cercanas (aunque

EXPLOSIONES INTERNAS

tal vez puedas considerar la posibilidad de que las encuestas sean «anónimas», para que nadie pueda sentirse herido por los comentarios de una persona en particular).

Una buena idea para ir anticipando los acciones concretas del final de la lección es planear con cada discípulo un proceso de desarrollo personal de esas áreas del carácter que, de acuerdo a la encuesta, han observado que necesitan atención. La idea no es que les ayudes a hacer todo, sino que cada discípulo pueda ir dando pasos personales para cambiar aquellos aspectos de su vida y de su carácter que reconoce que necesita cambiar. Recuérdales que el desarrollo maduro de su carácter es una clave fundamental para su vida futura, que afectará su llamado, su familia, su trabajo y su ministerio.

> **EL DESARROLLO MADURO DEL CARÁCTER DE LOS ADOLESCENTES ES UNA CLAVE FUNDAMENTAL PARA SU VIDA FUTURA**

📝 FUNDAMENTOS DEL TEMA

Alex Sampedro escribe en su libro *Artesano*: *«La verdadera transformación ocurre poco a poco. Con pequeños cambios que terminan convirtiéndose en hábitos colectivos. Con pequeñas semillas que, con paciencia y tiempo, ocupan un campo. De formas más humildes pero duraderas. No son tan espectaculares, pero sí reales».*

Una de las cosas que todos los discípulos debemos tener claro es que vendrán tiempos de prueba y dificultad para que nuestro carácter sea formado. Cada prueba superada será un paso más hacia la madurez, pero no superar una prueba implicará que volverá para que la vuelvas a atravesar. Esto no tiene que ver con un Dios implacable que desea nuestro mal, sino con el enorme deseo del Padre de formar a sus hijos como Él imaginó que sean: fortalecidos en Él y capaces de vivir conforme a su voluntad. Para eso se requiere construir el carácter.

TODOS LOS DISCÍPULOS DEBEMOS TENER CLARO QUE VENDRÁN TIEMPOS DE PRUEBA Y DIFICULTAD PARA QUE NUESTRO CARÁCTER SEA FORMADO

Los defectos del carácter que no son superados son una muestra de la incapacidad de madurar de una persona. Alguien inmaduro puede destruir sus relaciones más importantes, desperdiciar sus oportunidades profesionales y desmayar en el momento en que más necesita estar en pie. Por inmadurez se hiere a las personas amadas. Por inmadurez se destruyen matrimonios y familias. Por inmadurez se puede albergar en el corazón envidia o codicia. Y por inmadurez muchos pueden caer en adicciones de las cuales les costará salir.

Por eso, desarrollar el carácter de Cristo es un gran desafío para todo discípulo.

¿Cuáles son, entonces, las cosas que preparan el terreno para construir un carácter firme?

- **Una vida de comunicación constante con Dios.** Si bien es cierto que todos tenemos distintas maneras de conectarnos con Dios, necesitamos estar seguros de que tenemos acceso constante a su presencia y debemos entablar esa conexión periódicamente.

- **Disciplinas espirituales.** La adoración, la oración, el ayuno, la lectura y estudio de la Palabra de Dios, la meditación y memorización de su Palabra; todas son buenas disciplinas que un discípulo debe desarrollar y que van formando un carácter firme.

- **Rendición de cuentas.** Tener alguien a quien rendirle cuentas de nuestra vida voluntariamente, impulsa una firmeza en el ser interior difícil de igualar. Cuando somos vulnerables ante alguien más, nos convertimos en personas de carácter cada vez más firme. Esto también nos hace más humildes y nos evita muchas caídas.

- **Convicciones firmes.** El hecho de no dejarse llevar por cualquier viento de información hace que no seamos como las olas del mar, como dice la carta de Santiago.
- **Dominio propio.** Las reacciones emocionales surgen de un carácter inmaduro y necesitan ser controladas. No es que las emociones estén mal, sino que no podemos ser gobernados por ellas.

📖 ILUMÍNATE CON LA VERDAD

Lee con ellos los siguientes textos:

> *«Acérquense a Cristo, que es la Piedra viva que los seres humanos despreciaron pero que Dios escogió y es preciosa para él. De este modo, también ustedes son piedras vivas con las que se está edificando una casa espiritual. Así llegan a ser un sacerdocio santo, para que le ofrezcan a Dios sacrificios espirituales por medio de Jesucristo. Estos sacrificios a él le agradan».*
> **1 Pedro 2:4-5**

Aquí el apóstol Pedro nos habla de Cristo como la Piedra viva, un fundamento de construcción sobre el cual edificamos nuestra vida. El material de este fundamento es celestial, eterno, precioso. Se refiere a los atributos y al carácter de Cristo. De la misma manera, Pedro habla a la Iglesia, y en consecuencia a cada uno de nosotros, asegurando que somos piedras vivas al igual que Jesús, puesto que el Padre nos edifica con el mismo material celestial, eterno y precioso que a Cristo. Esto habla de lo que somos en esencia: somos una casa espiritual.

Además, una piedra es parte de un altar. Por lo tanto, somos también el altar encendido de piedras vivientes sobre el cual se realizan sacrificios de adoración al Padre. Siempre y cuando el fundamento esté puesto en Jesús, la piedra viva, la roca eterna, estaremos edificando bien esta casa espiritual.

Nuestra condición y crecimiento son tan importantes dentro del proceso de construcción de la Iglesia que si una piedra no cumple la función que le corresponde, toda la edificación está en riesgo. Cristo es el ejemplo, y por eso es el fundamento. En Él no hay engaño ni sombra de duda. Jesús cumplió con toda la ley y fue perfecto en todo.

> *«Para esto los llamó, para que, así como Cristo sufrió por ustedes y les dio el ejemplo, ustedes sigan sus pasos. "Cristo no cometió ningún pecado ni engañó jamás a nadie"».*
> **1 Pedro 2:21-22**

Seguir los pasos de Cristo implica darle la espalda al pecado. Ser moldeados conforme al carácter de Cristo es atravesar el desierto de la duda y no dejar de creer; sufrir el juicio y la vergüenza, y responder con mansedumbre; padecer injusticias y actuar con dominio propio; ser rechazados, heridos, traicionados, y a pesar de todo ello tener un espíritu perdonador. Todas estas acciones definen un carácter maduro.

> *«Cuando lo insultaban, él no respondía con insultos. Cuando lo hacían sufrir, no los amenazaba, sino que se entregaba a Dios y dejaba que él juzgara con justicia. Cristo mismo llevó en su cuerpo nuestros pecados a la cruz, para que muramos al pecado y llevemos una vida justa. Cristo fue herido para que ustedes fueran sanados».*
> **1 Pedro 2:23-24**

Algunas preguntas para reflexionar:

- ¿Cómo respondes cuando te insultan?
- ¿Cuál es tu reacción cuando cometen una injusticia contra ti?
- ¿Qué haces cuando alguien te engaña?
- ¿Cómo actúas cuando alguien te hace sufrir?
- ¿Qué sentimientos guarda tu corazón contra las personas que te han herido?

EXPLOSIONES INTERNAS

Cada una de estas preguntas nos puede servir para evaluar nuestro grado de madurez. No se trata simplemente de agachar la cabeza y dejar que todo el mundo acabe contigo. Por el contrario, el ideal sería estar tan alineados con la voz del Espíritu de Dios, que cada reacción que tengamos sea controlada por su poder. Aun las reacciones firmes y los reclamos pueden ser acciones maduras, en vez de rabietas de un niño pequeño. Es fácil identificar las etapas de desarrollo en el aspecto natural, desde la niñez hasta la adultez. De la misma manera, existen etapas desde la inmadurez hasta la madurez como hijos de Dios.

> **SI TU CORAZÓN TIENE ÁREAS QUE NO ESTÁN GOBERNADAS POR JESÚS, ESTAS SERÁN INMADURAS Y SE DEJARÁN LLEVAR POR LOS DESEOS DE LA CARNE**

Cuando el corazón de un hijo de Dios está gobernado por Cristo, su deseo estará saciado, y eso hará que los deseos pecaminosos vayan desapareciendo, pues lo que trae satisfacción a su vida es Cristo. Pero si tu corazón tiene áreas que no están gobernadas por Jesús, estas serán inmaduras y se dejarán llevar por los deseos de la carne.

¿Cómo podemos darnos cuenta de que hay un área de nuestro ser que no está llena por Cristo? La respuesta a esta pregunta se obtiene identificando las tentaciones a las cuales cedemos recurrentemente. Aquel hijo de Dios que se ha dejado moldear y llenar por Cristo será alguien que actuará en forma más parecida a Él. Así se convertirá en un hijo maduro.

Es interesante observar que el Nuevo Testamento emplea tres palabras que se traducen como «hijo» y cuyos significados están relacionados con la madurez:

1. **TEKNIÓN**

    - Se refiere al hijo que es pequeño, que no puede valerse por sí mismo y por consiguiente depende de alguien más. La Biblia dice que estos hijos aún necesitan tutores pues, aunque son herederos, no pueden hacer efectiva su herencia debido a su inmadurez. En esta etapa también se usa la palabra *nepios* para referirnos a un niño pequeño e inmaduro.

- En Juan 13:33 Jesús usa la palabra *teknión* para sus discípulos, haciéndoles ver que apenas eran recién nacidos, pero aún no estaban listos.
- En 1 Juan 2:1 el escritor usa también la palabra *teknión* para referirse a aquellos de sus discípulos que aún luchaban con los mismos pecados. No para juzgarles, sino para recordarles que Cristo ha perdonado sus pecados, aunque todavía no son capaces de evitarlos.

2. **TEKNÓN**

- Se refiere a un hijo que ya ha pasado algunos procesos y ha dado pasos de crecimiento. Ha demostrado en base a sus decisiones y estilo de vida que no solo sigue a Cristo, sino que ha estado dispuesto a ser formado por Él.
- En Gálatas 4:19 Pablo usa la palabra *teknón* para referirse a aquellos hijos espirituales que ya se habían desarrollado a tal punto que sus procesos le habían costado a Pablo dolores de parto, en alusión al sufrimiento que provoca la formación de un hijo espiritual, es decir, de un discípulo. Sin embargo, el *teknón* no es aún suficientemente maduro.
- En Romanos 9:8-11 Pablo usa la palabra *teknón* para referirse a aquellos hijos espirituales que van madurando respecto a su propósito y se encaminan hacia su llamado.

3. **UIÓS**

- Este es el tipo de hijo que ya ha madurado lo suficiente como para asumir responsabilidades, pues ha respondido positivamente a sus procesos de formación. Es un hijo que ha adquirido el criterio maduro del Padre.

- En Lucas 9:35, la voz del Padre que viene desde el cielo afirma la madurez de Jesús, el Hijo en quien se complace. Allí se usa el término *uiós*.

- Al iniciar el relato del evangelio de Mateo, también se usa el mismo término para referirse a Jesús.

Los discípulos estamos en constante crecimiento para ser formados como hijos maduros. Un discípulo es esencialmente un hijo de Dios que va madurando, alguien que va aprobando los procesos de crecimiento en los que va siendo sometido a prueba. Desde un principio, cuando recibe tareas simples y a veces falla al obedecer, hasta que, conforme va pasando el tiempo, va dando pasos de mayor obediencia y eso le hace madurar.

Un hijo inmaduro no puede recibir mayores responsabilidades del Padre. Aún pide alimento y abrigo, y ruega por protección, en lugar de saber confiadamente que el Padre siempre le proveerá, protegerá y suplirá lo que sea necesario, tal como pensaría un hijo maduro. Un hijo inmaduro aún debe crecer, es egoísta, pregunta el porqué de todo y las respuestas no siempre le satisfacen. Un hijo maduro acepta la voluntad del Padre porque entiende que Él es mayor, e infinito en sabiduría.

UN DISCÍPULO ES ESENCIALMENTE UN HIJO DE DIOS QUE VA MADURANDO

REFLEXIÓN PERSONAL

El mejor discipulado sucede cuando los discípulos pueden hacer lo que sus discipuladores les han mostrado, no solo por obediencia o imitación, sino por convicción. Por eso ahora es vital volver a cuando se hizo la evaluación al principio de la lección.

EL MEJOR DISCIPULADO SUCEDE CUANDO LOS DISCÍPULOS PUEDEN HACER LO QUE SUS DISCIPULADORES LES HAN MOSTRADO, NO SOLO POR OBEDIENCIA O IMITACIÓN, SINO POR CONVICCIÓN

Lo que debemos recordar y afirmar es lo siguiente:

- El carácter es parte del ser interior de una persona.

- Por el exterior podemos aparentar muchas cosas, pero es lo que está en el corazón lo que refleja nuestro verdadero ser.

- Mientras más dejemos que Dios moldee nuestro carácter, mejor herramienta seremos en las manos de Dios para cumplir sus propósitos.

- Cuanto más maduro sea nuestro carácter, más parecido será al de Jesús.

- Cuanto más maduros somos, más en control estamos.

PREGUNTAS PARA REFLEXIÓN DEL GRUPO:

- ¿Cuál es el destino de una persona que no controla su carácter?
- ¿Es posible cambiar el carácter? ¿Cómo puede suceder eso?
- ¿Qué áreas del carácter son más difíciles de cambiar?
- ¿Qué cosas podemos aprender de Jesús en cuanto a su carácter?

RECUERDA:

Cuando los chicos y chicas de tu grupo están compartiendo sus ideas, no hay respuestas malas. Estos momentos sirven para que ellos sepan que pueden hablar sin ser juzgados, y para que tú puedas explorar la forma como los adolescentes piensan. No los detengas ni los corrijas; anímalos a seguir hablando a pesar de que no estés de acuerdo con sus apreciaciones. Poco a poco, la Palabra de Dios los irá cambiando. No intentes apurar ese proceso.

MEDITA EN UN PERSONAJE

CHRIS BROWN

Como sucede con toda pareja de artistas, el noviazgo de Rihanna y el rapero Chris Brown tuvo muchas noticias que ofrecerle a la prensa. Chris fue detenido y juzgado por una horrible agresión en contra de su novia. Él alegó que ambos forcejeaban, y que de hecho era ella quien más violenta se puso. Luego él trató de reivindicar sus acciones, pero las fotografías que circularon en las redes de cómo quedó el rostro de la cantante Rihanna luego de este encuentro violento con su novio no le hicieron la tarea de limpiar su nombre demasiado simple.

La presión que deben soportar los artistas es mucho mayor que solamente asegurarse de salir bien en las fotos. Ellos siempre están en la mira. Sus éxitos son las alegrías de muchos, pero sus fracasos reciben mucha más prensa y hacen que la gente esparza rumores, los critique, y los juzgue todo el tiempo. Llevar una relación hasta el punto de la agresión física es algo muy común en muchas de estas parejas, y algunos hasta aprenden a convivir con ello. Sin embargo, eso no debería suceder.

En el caso de Chris Brown, claramente se ve que los puñetazos en la cara de su novia fueron contundentes, y por más explicaciones que el hombre quiera ofrecer, nada justifica tal nivel de descontrol, por más enojo que estuviera sintiendo en el momento.

PREGUNTAS PARA LOS DISCÍPULOS:

- ¿Por qué surge la violencia entre personas que aparentemente se aman?

PEDRO

La Biblia no oculta nada, y para ninguno de los escritores bíblicos ha sido un problema describir con todo detalle lo que en verdad sucedió. Ese es otro de los argumentos que hacen de la Palabra de Dios un instrumento confiable y verdadero.

Tal vez Pedro sea el apóstol más famoso de todos, y él no se ganó ese puesto por hacer las cosas bien precisamente. Pedro era impulsivo. Tenía un carácter difícil de controlar, ¡a tal punto que en un arranque de ira decidió cortar la oreja de uno de los que querían apresar a su Maestro! Un poco más tarde, fue Pedro quien negó tres veces a Jesús, aunque antes se había apresurado a prometer que jamás lo dejaría solo.

Sin embargo, se dice que Pedro fue muy cercano a Jesús. Desde el día en que sus ojos espirituales fueron abiertos y tuvo la certeza de que Jesús era el Cristo, todo en la vida de Pedro cambió. Pedro había sido un pescador impetuoso y fuerte, capaz de cargarse al hombro todo el arduo trabajo que su oficio requería. Por ese mismo carácter fuerte, Pedro era quien hacía las preguntas que los otros no se animaban a hacer, y tenía mayor iniciativa que el resto de sus compañeros. Todo eso era positivo, pero, como vimos, también tuvo que lidiar con aspectos de su carácter que al parecer no podía controlar.

PREGUNTAS PARA LOS DISCÍPULOS:

- ¿Qué tipo de arranques como el de Pedro podríamos tener hoy?
- ¿De qué manera es posible que tomemos control si tenemos arranques así?
- ¿Qué deberíamos imitar de Pedro y qué no?

ACCIONES CONCRETAS

Para cerrar esta lección, elige un juego simple en el que tus discípulos puedan competir. Puede ser ping-pong, un juego de cartas sencillo, o algún deporte que puedan hacer en un espacio reducido. Para esta competencia tú serás el juez, solo que al momento de otorgar los puntos usarás criterios variables y cambiarás constantemente las reglas.

Disimula un poco, pero el punto es ir creando algo de frustración con tus criterios cambiantes y tus «injusticias». Haz ganar a los que tienen desventaja, y en otra ronda haz que nadie gane aunque hayan logrado el objetivo. Conviértelo en una situación bien injusta, y en el transcurso del juego notarás que se va generando un ambiente de frustración, y que muchos no podrán controlar sus emociones. Luego de un rato, detén el juego y admite lo que estabas haciendo. Luego permíteles hablar y desahogarse. Este es el momento de pasar toda la lección a pasos firmes hacia un futuro mejor.

Un carácter maduro no explota de frustración por un juego, y piensa en otros y no solo en sí mismo cuando una situación no le gusta.

¿Qué hacer ante las injusticias entonces?

Aprender a gobernar tus emociones para enfrentarlas de manera adecuada.

LECCIÓN 4
SUEÑOS DE ATRACCIÓN

«Donde haya verdad, allí estará Dios».
Alex Sampedro (*Artesano*)

Quizás viste la película *Sierra Burgess es una loser*, cuya protagonista es una adolescente que considera tener poco atractivo físico y que, debido a su imagen, prefiere estar escondida. Con ayuda de una amiga, ella inicia un romance virtual con un chico que es buen deportista y tiene una apariencia física envidiada por todos; el prototipo perfecto de lo que significa ser *cool*.

¿Podrá una chica impopular y poco atractiva según los cánones sociales, conquistar el corazón del estereotipo de chico *cool*?

Esa no es la única película que toca estos temas. Casi todas las películas y series que involucran adolescentes ponen de manifiesto la preocupación por la apariencia física y el sueño de ser cool. Y, en la vida real, muchas conversaciones de los adolescentes giran alrededor de este tema gran parte del tiempo, aunque no siempre lo traten de manera directa y no usen la palabra *«cool»*.

🧠 AVALANCHA DE IDEAS

Muéstrales a tus adolescentes las fotos de dos personas físicamente «atractivas» que sepas que han sido personas peligrosas. Dos ejemplos que puedes buscar en la web son Andrea Yates y Aaron Hernández. (Puedes buscar sus biografías en la web y elegir la mejor fotografía de cada uno). La versión corta es que Andrea Yates ahogó a sus cinco hijos, y Aaron Hernández asesinó a su amigo. Por supuesto, puedes encontrar otros ejemplos más contemporáneos o nacionales al buscar. El punto es que los adolescentes no los reconozcan a simple vista.

Al mostrarles las fotos, pregúntales qué tipo de personas creen que son. Invariablemente, si las fotos los muestran atractivos y sonrientes, tus adolescentes asumirán que son personas buenas. (Desde pequeños aprendemos en las películas que los héroes son lindos y los malos son los feos).

Déjalos decir lo que suponen, y luego cuéntales la historia de cada uno. La idea de esta dinámica es disparar una conversación respecto de la apariencia física y de lo que significa ser «atractivo» para los adolescentes.

ALGUNAS PREGUNTAS:

- ¿Qué tan importante es verse bien?
- Del 1 al 10, ¿cuánto valoramos la belleza física?

FUNDAMENTOS DEL TEMA

Tener una apariencia física agradable y destacar en algo suelen ser aspiraciones muy fuertes durante la adolescencia. Generalmente, por causa de su apariencia o de las actividades que realizan, los adolescentes son encajados en cierto grupo con «intereses similares». Así, están «los deportistas», «los músicos», «los gamers», etc. En otros grupos se incluye a «los nerds» (como estereotipo de chicos y chicas estudiosos), a «los *cool*» (aquellos que son más populares y admirados por toda la escuela), y también suele haber algún grupo dedicado a aquellos que fuman o beben para mostrarse como más listos que los demás.

Debemos entender que los gustos de los adolescentes, como la vestimenta que usan, son aspectos superficiales de la identidad. Sin embargo, según el Dr. John Townsend en *Límites para los Adolescentes*, la vestimenta del adolescente puede decirnos mucho acerca de su mundo interior:

SUEÑOS DE ATRACCIÓN

«El estilo indecoroso puede indicar necesidad de aprobación de los pares... Un estilo sensual puede indicar que la joven depende más de su cuerpo que de su carácter para atraer a los chicos... Los temas oscuros, como la muerte, las drogas y la violencia pueden indicar alienación interna, furia o rebeldía... La vestimenta que se basa en la cultura, como los estilos pandilleros, puede manifestar valores inadecuados».

LOS GUSTOS DE LOS ADOLESCENTES, COMO LA VESTIMENTA QUE USAN, SON ASPECTOS SUPERFICIALES DE LA IDENTIDAD

Es bueno reconocer esto, no para ponerles una etiqueta a tus adolescentes, sino para discernir mejor qué están necesitando.

Claro, no es solo la vestimenta la que nos da indicios de la búsqueda de identidad de los adolescentes, sino también sus gustos en materia de música, deportes, y otras actividades. Aun sus asignaturas o clases preferidas en el colegio nos pueden indicar hacia dónde están caminando.

Otro factor que debemos considerar es que, como los adolescentes aún no han alcanzado la madurez en muchas áreas de su vida, están en continua búsqueda, y es parte de nuestra tarea acompañarlos en ese proceso de descubrimiento.

Además, muchas de sus actitudes son impulsivas, y no siempre miden las consecuencias de sus acciones. Sin embargo, no es nuestra labor decirles cómo deben vestir, a quién deben admirar, o lo que deben llegar a ser cuando sean adultos. Nuestro rol como discipuladores debe estar centrado en el acompañamiento, a medida que ellos van descubriendo, a través de lo enseñado, la riqueza y profundidad de la instrucción de Dios en sus vidas. La clave es que ellos puedan valorar lo que es correcto, y no dejarse llevar por las etiquetas que el mundo decide ponerles.

Recordemos además que algunos de los gustos que ahora manifiestan los chicos y chicas de nuestro grupo probablemente estén ligados a las actividades que querrán hacer el resto de su vida, pero otros no, y enfocarnos en corregirles los intereses pasajeros que no nos gustan a nosotros será energía perdida.

> **¡NECESITAMOS ENSEÑARLES A LOS ADOLESCENTES QUE MADURAR DE LA FORMA ADECUADA LES HARÁ VERSE ATRACTIVOS DESDE ADENTRO HACIA AFUERA!**

Volviendo al tema de la apariencia física, debemos tener presente que en la mayoría de los casos el deseo de sentirse atractivos no solo tiene que ver con un valor de la cultura, sino también con querer atraer a alguien en particular, e incluso con un instinto de supervivencia. En la serie de TV *100 humanos* se realizaba una entrevista al Dr. Jody Armour, profesor de Derecho de la USC, acerca de lo que él llama «un prejuicio inconsciente» que nos hace juzgar con menos dureza a las personas que consideramos más atractivas. La teoría dice que un ladrón de aspecto desagradable probablemente recibirá una condena mayor que uno que es atractivo.

Sin embargo, también es importante analizar qué es lo que consideramos atractivo, y por qué. En ese mismo programa se realizó una prueba con los televidentes, colocando fotografías de distintas personas para que se eligiese a la más atractiva de todas. Luego del experimento, los directores del programa confesaron que la imagen de la persona que la mayoría eligió como más atractiva, era la que había sido colocada la mayor cantidad de tiempo delante de las pantallas. Eso significa que fue la familiaridad de su rostro lo que hizo que esta persona fuera elegida.

Ahora imagina que tus chicos y chicas pudieran saber que sin importar cuán atractivos sean según los parámetros del mundo y de los medios de comunicación, ni lo bien que se sientan con su físico, a la hora de elegir una pareja en el futuro tendrá mayor peso su personalidad, carácter y valores, así como la cercanía con la otra persona. Dicho de otro modo, ¡necesitamos enseñarles a los adolescentes

SUEÑOS DE ATRACCIÓN

que madurar de la forma adecuada les hará verse atractivos desde adentro hacia afuera!

📖 ILUMÍNATE CON LA VERDAD

Asígnale al grupo de discipulado la lectura de Juan 18. Es importante que todos hayan leído el capítulo entero antes de comenzar esta discusión. Puedes pedirles que lo hagan en sus casas antes de llegar a la reunión, o puedes tomarte unos minutos para hacerlo todos juntos. Recuerda que si quieres hacer un trabajo de discipulado intenso y a largo plazo, puedes destinar una, dos, o hasta cuatro semanas para cada lección, dependiendo de cuánto tiempo quieras invertir en cada tema.

Juan 18 es un capítulo clave en cuanto a la identidad de Jesús. Allí vemos cómo el Maestro tuvo que enfrentar los cuestionamientos de varias personas sobre quién era Él en realidad, y tuvo que hacer esto en tres lugares distintos. Veamos cómo comienza el relato...

> *«Al terminar de orar, Jesús salió con sus discípulos y cruzó el arroyo de Cedrón. Al otro lado había un huerto al cual entraron. Judas, el que lo traicionaba, también conocía el lugar, porque Jesús había estado reunido allí muchas veces con sus discípulos. Así que Judas llegó al huerto, al frente de una tropa de soldados y guardias de los jefes de los sacerdotes y de los fariseos. Iban armados y llevaban antorchas y lámparas. Jesús, que ya sabía lo que le iba a pasar, les salió al encuentro.*
> *Les preguntó:*
> *–¿A quién buscan?*
> *Ellos contestaron:*
> *–A Jesús de Nazaret.*
> *–Yo soy.*
> *Judas, el que lo traicionaba, estaba con ellos.*
> *Cuando Jesús les dijo: «Yo soy», cayeron de espaldas al suelo.*
> *Jesús volvió a preguntarles:*
> *–¿A quién buscan?*

> Ellos contestaron:
> –A Jesús de Nazaret.
> Jesús dijo:
> –Ya les dije que soy yo. Si me buscan a mí, dejen que estos se vayan.
> Esto sucedió para que se cumpliera lo que él había dicho: «Ninguno de los que me diste se perdió».
> Simón Pedro sacó una espada que traía y le cortó la oreja derecha a Malco, que era criado del sumo sacerdote.
> Jesús le ordenó a Pedro:
> –¡Guarda esa espada en su funda! Si mi Padre me da a beber un trago amargo, ¿acaso no lo voy a beber?».
> **Juan 18:1-11**

En primer lugar, encontramos en este pasaje a Jesús en el Huerto de Getsemaní. La palabra Getsemaní, analizada en su idioma original, quiere decir «prensa de aceite». Ese fue el lugar en donde Jesús tuvo que pasar la prueba más dura en su ministerio terrenal. (Pueden estudiar los pasajes paralelos en los otros evangelios para que tengan mayores referencias sobre cómo fue ese momento). Él hubiera deseado no tener que morir en una cruz, porque el sufrimiento iba a ser enorme, pero sabía que debía hacerlo por amor a nosotros y por obediencia al Padre.

Lo que vemos en esta escena es que una compañía de soldados y alguaciles llegaron para arrestar a Jesús con antorchas encendidas, lámparas, y armas. Venían preparados para un momento violento. Ellos consideraban a Jesús como un forajido, un enemigo. Pero Él se adelantó para encontrarse con ellos en el camino. «¿A quién buscan?», les preguntó, aunque sabía muy bien a qué venían. «A Jesús de Nazaret», respondieron ellos. Entonces, algo inesperado sucedió. Aquel que ellos suponían que iba a intentar huir, esconderse, o al menos hacer un intento de pelear, simplemente les dijo: «Yo soy».

Observemos que esta era la misma frase que había usado Dios para presentarse a Moisés en Éxodo 3:14:

SUEÑOS DE ATRACCIÓN

«Entonces Dios le respondió a Moisés: –Diles que te envía el Dios eterno, pues YO SOY EL QUE SOY. ¡Mi nombre es YO SOY! Simplemente diles: 'YO SOY es el que me ha enviado'».

LA VERDADERA IDENTIDAD DE JESÚS ESTABA EXPRESADA EN SUS ACCIONES Y EN SUS PALABRAS

Los que habían preguntado esto cayeron de espaldas de inmediato, no sabemos si por la sorpresa de que se entregara de esa manera, o por la misma presencia divina que Jesús irradiaba. Lo cierto es que con estas palabras Jesús estaba afirmando quién era. Su identidad no dependía de su apariencia física, ni tampoco de las amenazas de los soldados ni de cualquier otra circunstancia. Él conocía su propósito, su misión, y por quién había sido enviado. Aunque ellos habían venido a buscarlo como si fuera un delincuente, la verdadera identidad de Jesús estaba expresada en sus acciones y en sus palabras.

Pero dijimos que hablaríamos de tres lugares. El huerto de Getsemaní fue el primero.

El segundo lugar a donde llevaron a Jesús fue ante Anás, el sumo sacerdote de los judíos, y suegro de Caifás. Allí, en el patio, resolvieron interrogar a Jesús acerca de quién era Él, y acerca de sus discípulos y sus enseñanzas:

«Entonces los soldados, con su comandante, y los guardias de los judíos, arrestaron a Jesús y lo ataron.
Lo llevaron primero ante Anás, que era suegro de Caifás, el sumo sacerdote ese año. Caifás era el que había aconsejado a los judíos que era mejor que muriera un solo hombre por el pueblo.
(...)
Mientras tanto, el sumo sacerdote empezó a preguntarle a Jesús acerca de sus discípulos y de sus enseñanzas.
Jesús le respondió:
–Yo he hablado delante de todo el mundo. Siempre he enseñado en las sinagogas o en el templo, donde se reúnen todos los judíos. No he dicho

nada en secreto. ¿Por qué me preguntas a mí? Pregunta a los que me han oído hablar. Ellos saben lo que dije.
Cuando Jesús dijo esto, uno de los guardias que estaba allí cerca le dio una bofetada y le dijo:
–¿Así le contestas al sumo sacerdote?
Jesús respondió:
–Si he dicho algo malo, dime qué fue. Pero si lo que dije está bien, ¿por qué me pegas?
Entonces Anás lo envió atado ante el sumo sacerdote Caifás».
Juan 18:12-14, 19-24

¡Tan seguro estaba Jesús de quién era y de lo que había venido a hacer, que no necesitó justificarse delante de nadie! Su respuesta fue poderosa: «Nunca me he escondido para hablar; ¡pregunten a los que me han oído!».

Al mismo tiempo que esto sucedía, Pedro, el discípulo que le había prometido seguirle hasta la muerte, también era cuestionado acerca de su identidad. Muchos de los que lo veían le preguntaban: «Tú te ves como uno de sus discípulos...», «Creo que te vi con ellos...», «Tú eras de los doce más cercanos...». A estos tres cuestionamientos Pedro respondió que no. Luego el gallo cantó, y Pedro lloró amargamente porque Jesús le había anticipado que esto sucedería.

Esto nos puede llevar a otra reflexión. Pedro negó a Jesús aunque un día antes estaba completamente seguro de que iba a seguirle hasta la muerte. ¿Qué tan difícil es permanecer en lo que creemos?

Volviendo al texto bíblico, ya vimos que el primer lugar fue el huerto de Getsemaní.

El segundo lugar fue ante Anás y Caifás.

El tercero fue el pretorio...

«Luego los judíos llevaron a Jesús de la casa de Caifás al palacio del gobernador romano. Como ya amanecía, los judíos no entraron al palacio, pues si

SUEÑOS DE ATRACCIÓN

lo hacían se contaminarían de acuerdo con sus ritos y no podrían comer la Pascua. Por eso Pilato salió a preguntarles:

–¿De qué acusan a este hombre?
Ellos contestaron:
–Si no fuera un criminal, no te lo habríamos traído.
Pilato les dijo:
–Pues llévenselo ustedes y júzguenlo de acuerdo con su propia ley.
Los judíos le respondieron:
–Nosotros no tenemos ninguna autoridad para dar muerte a nadie.
Esto sucedió para que se cumpliera lo que Jesús había dicho, en cuanto a la forma en que iba a morir.
Pilato volvió a entrar al palacio y llamó a Jesús.
Le preguntó:
–¿Eres tú el rey de los judíos?
Jesús le respondió:
–¿Dices eso por tu propia cuenta o es que otros te han hablado de mí?
Pilato le contestó:
–¿Acaso soy judío? Fue tu propio pueblo y los jefes de los sacerdotes los que te entregaron a mí. ¿Qué hiciste?
Jesús contestó:
–Mi reino no es de este mundo. Si lo fuera, mis servidores pelearían para que no me entregaran a los judíos. Pero mi reino no es de este mundo.
Pilato le dijo:
–Entonces eres rey.
Jesús le respondió:
–Tú eres el que dices que soy rey. Yo para esto nací y vine al mundo: para hablar de la verdad. Todo el que está de parte de la verdad, me escucha.
Pilato preguntó:
–¿Y qué es la verdad?
Luego de decir esto, salió otra vez a ver a los judíos.
Él dijo:

–Yo no encuentro a este culpable de nada. Pero como ustedes tienen la costumbre de que yo libere a un preso durante la Pascua, ¿quieren que libere al «rey de los judíos»?
Ellos volvieron a gritar:
–¡No! ¡No sueltes a este, suelta a Barrabás!
Y Barrabás era un bandido».
Juan 18:28-40

El pretorio era el lugar de residencia del gobernador romano, Poncio Pilato. Jesús fue llevado allí porque los líderes de los judíos querían que su sentencia de muerte viniera desde Roma. En este palacio, el gobernador también interrogó a Jesús sobre su identidad. Aun sabiendo que se debía al César y al imperio romano, Pilato dudó en condenar a muerte a este hombre, pues no encontraba delito alguno en Él. «¿Eres el rey de los judíos?», le preguntó vez tras vez. Y las respuestas de Jesús siempre fueron certeras. «Mi reino no es de este mundo». «Eres tú quien dice que soy rey». Así, Jesús demostró estar seguro de quién era. Y en esta última ocasión lo hizo delante del gobernador, un representante de Roma, de los gentiles, y del mundo entero.

Hoy en día, constantemente estamos siendo cuestionados por lo que hacemos, por cómo nos vemos, por la forma en que vestimos, y por cómo nos comportamos. Solo Dios nos conoce por dentro, pero debemos ser claros en cuanto a nuestro propósito y a lo que hemos venido a hacer a este mundo. Cuando eso está claro, lo demás pierde importancia, y entonces sabemos que no necesitamos vivir o actuar para satisfacer los cuestionamientos de los demás, sino para manifestar lo que tenemos dentro.

REFLEXIÓN PERSONAL

Esta es una buena oportunidad para ayudar a tus adolescentes a explorar la motivación que tienen por vestir o actuar de tal o cual manera.

SUEÑOS DE ATRACCIÓN

Usando la misma dinámica de las fotografías, escoge fotografías de adolescentes vistiéndose a la moda en distintas épocas y con distintos estilos actuales. Busca ejemplos diversos, desde los más estrafalarios hasta los que pasarían desapercibidos.

Hazles hablar un rato al respecto con preguntas que faciliten su expresión:

- ¿Con cuál de todos los estilos te sientes más identificado?
- ¿Cómo te sentirías vistiendo de tal o cual manera?
- ¿Qué estilo de ropa jamás usarías?

Y si la confianza con tu grupo te lo permite, puedes hacer preguntas como:

- ¿Cómo te sientes con tu cuerpo? (Incluye aquí distintos aspectos como peso, talla, color de piel, de ojos, etc.).
- ¿Cómo crees que te ven los demás?
- ¿Qué cosas quisieras cambiar en lo que respecta a tu imagen física?

(También puedes usar estas preguntas para las conversaciones personales).

MEDITA EN UN PERSONAJE

ADELE

La cantante y compositora británica Adele comenzó a recibir los elogios de todos a causa de su talento desde antes de cumplir los 20 años. De ahí en adelante, su carrera explotó. Vendió millones y millones de descargas de su música en todo el mundo y hasta recibió un Oscar y un Globo de Oro a la mejor canción original por el tema de la película *Skyfall*. Incluso la famosa revista Time la reconoció incluyéndola en la lista de las cien personas más influyentes en el mundo cuando apenas tenía 25 años.

A pesar de todo ese éxito, Adele no estaba segura con su figura e inició un proceso de cambio en su alimentación y estilo de vida, tanto que la gente comenzó a preocuparse por ella y a criticar su delgadez. Adele vivió ambos dramas: desde adolescente sufrió críticas por su sobrepeso, y luego al bajar de peso, críticas por su cambio de imagen.

Preguntas para los discípulos:

- ¿Por qué crees que la gente opina tanto acerca de la imagen física de otras personas?

- ¿Por qué alguien con tanto éxito como Adele, habrá decidido bajar tanto de peso?

JUAN EL BAUTISTA

Jesús conoció a Juan desde antes de nacer, cuando ambos estaban en el vientre de sus madres. Aunque la Escritura no menciona mucho sobre su niñez y adolescencia, es muy probable que, al ser el hijo de la prima de María, Juan haya sido alguien muy cercano a Jesús en los años de su crecimiento. Ya llegando a la juventud o edad adulta, Juan reaparece en la Biblia y se hace de él una descripción breve pero bastante llamativa. Puedes encontrarla en la historia del bautismo de Jesús en los evangelios de Mateo, Marcos y Lucas.

Aquí tienes la versión de Mateo:

«En aquellos días, Juan el Bautista comenzó a predicar en el desierto de Judea. Este era su mensaje: «Arrepiéntanse de sus pecados porque el reino de los cielos se ha acercado».

Siglos atrás, el profeta Isaías había hablado de Juan y lo describió así:

«Una voz clama en el desierto: «Prepárenle el camino al Señor; que nada le estorbe a su paso»».

Juan usaba ropa hecha de pelo de camello y se la sujetaba con un cinto de cuero. Su alimentación consistía en langostas del desierto y miel silvestre.

SUEÑOS DE ATRACCIÓN

Toda la gente de Jerusalén, de todo el valle del Jordán y de toda Judea, iba al desierto a escucharlo. A los que reconocían que eran pecadores, él los bautizaba en el río Jordán».

Mateo 3:1-6

Juan era un predicador ambulante, y su mayor escenario era el desierto. Sus ropas eran de pelo de camello, y su alimento era miel silvestre y langostas. Esta descripción claramente nos hace pensar que él era una persona que el resto consideraría «extraña». Sus ropas y su alimento no eran algo común en su época, ni tampoco su forma de vivir en el desierto como un ermitaño. Su predicación era dura, pero sin embargo Juan llevaba a muchos al arrepentimiento y a volverse a Dios. Así era necesario que sucediera, pues este hombre venía a preparar el camino para la llegada del Mesías.

Es interesante que a Juan no parecía importarle su imagen, ni lo que otros pudieran pensar de él. A Juan le importaba más su propósito; aquello para lo cual había sido llamado por Dios. ¡Lo más seguro es que mucha gente hablara mal de él a sus espaldas, pero eso no lo detuvo en absoluto! Juan estaba tan comprometido con su llamado que decidió no hacer caso a ninguna de las estrategias que usó el enemigo para intentar detenerlo.

El ejemplo de Juan el Bautista es poderoso. Nos recuerda que lo más importante es enfocarnos con pasión en el propósito que Dios ha puesto delante nuestro, y que eso nos hace atractivos a los ojos de Dios y también de otros.

PREGUNTAS PARA LOS DISCÍPULOS:

- ¿De qué manera puede nuestra imagen convertirse en más importante que nuestro propósito?
- ¿Qué ejemplo crees que puede darnos Juan el Bautista?

ACCIONES CONCRETAS

A partir de esta lección, deseamos que los adolescentes que participan en este proyecto de discipulado hagan una evaluación menos superficial de los demás y de sí mismos. Algunas acciones concretas para que los desafíes en este sentido son:

- Valora a personas que a simple vista no son tan atractivas.

- No pongas a las personas atractivas y populares por encima de otras que no lo son.

- Usa más energía en ser una mejor persona que en verte bien. (Ocuparte de verte bien está bien, pero no es bueno que esto sea más importante que intentar ser mejor).

- Trabaja en cómo otras personas te ven, pero no te llenes de ansiedad por agradar a personas que te juzgan a primera vista.

- Define con claridad de qué se trata la belleza interior.

- Vive con propósito en vez de por apariencias.

LECCIÓN 5

INTELIGENCIA SEXUAL

«Si alimentas tu mente con influencias negativas, lo negativo saldrá. Si la alimentas con mensajes positivos, entonces lo positivo ganará».
Lucas Leys y Jim Burns (*El código de la pureza*)

Vivimos en una sociedad hipersexualizada y es muy difícil escapar a la incitación y confusión sexual continua a la que están expuestos los adolescentes de hoy.

Aunque los padres y líderes queramos estar presentes en todo momento con nuestros hijos o discípulos, ni unos ni otros podremos entrar en sus mentes y por eso es vital que cada discípulo aprenda a tomar control de sus convicciones en cuanto a la sexualidad, y de su exposición a las ideas equivocadas y a las tentaciones que vienen de afuera.

> **LA SEXUALIDAD ES UN ASPECTO DE LA IDENTIDAD, Y POR LO TANTO ES UN TEMA DE VITAL IMPORTANCIA DURANTE LA ADOLESCENCIA**

La sexualidad es un aspecto de la identidad, y por lo tanto es un tema de vital importancia durante la adolescencia.

AVALANCHA DE IDEAS

La clasificación de qué imágenes son aptas para cada edad en el cine y la televisión es diferente en cada país, así que busca la clasificación que se use en tu país para realizar la siguiente actividad.

Aquí, como ejemplo, tienes una clasificación general:

CÓDIGO	ALTERNATIVO	SIGNIFICADO	PELÍCULAS
A	G	Para todas las edades. Sin contenido sexual, sin desnudos, sin (o con poca) presencia de drogas, alcohol o tabaco, y con violencia mínima. Puede haber muertes no violentas ni explícitas. Lenguaje cortés.	
B	PG	Restringida para menores de 10, 12 o 13 años según el país, con la supervisión de un adulto. Desnudos parciales, muertes poco violentas y sangre. El lenguaje puede ser subido de tono.	
C	R-16	Desnudez fuerte y explícita. Alcohol, drogas, insultos, muertes violentas y mucha sangre. No debe ser vista por menores de 16 años.	
D	R-18	Restringida para menores de 18 años. (En algunos lugares se solicita identificación para comprobar la edad). Desnudez fuerte y escenas de sexo explícito.	

Pídeles a tus adolescentes que compartan sus impresiones acerca de esta tabla:

¿Es una clasificación justa? ¿Se cumple? ¿Hay algún aspecto que se debería mejorar? ¿Cuál o cuáles?

Déjalos hablar y luego desafíalos a ponerse en la situación de padres: «Si fueras papá o mamá, ¿qué les dejarías y qué no les dejarías ver a tus hijos?».

Si durante la reunión tienes acceso a internet, pídele al grupo que investigue sobre algunas de las películas que elegirían para ver, o que ya han visto. Luego pídeles que miren cuál es la clasificación de esas películas o series. La columna de la derecha del cuadro de más arriba tiene ese propósito. Llena ese espacio con las películas que tus discípulos vayan nombrando.

Con esta columna completa, retoma la conversación.

📝 FUNDAMENTOS DEL TEMA

La influencia que recibimos del entorno hace que poco a poco vayamos construyendo nuestras convicciones sobre cada aspecto de la vida. Si un adolescente crece en una familia que valora mucho la formación académica, es muy probable que mucha de su atención esté puesta allí. Si crece, en cambio, en un ambiente en el que las artes tienen mucho peso, de seguro se evidenciará esa influencia en su vida de adulto.

Lo mismo sucede con la sexualidad. Todo lo que un hijo ve, escucha y percibe con sus sentidos, lo almacena en su cerebro. En un hogar en el que los adultos no han tenido ningún recaudo respecto de lo que los niños y adolescentes miran por internet, lo más seguro es que hayan estado expuestos a muchos estímulos no adecuados para su edad sin siquiera haberse percatado. En estos casos, como crecieron viéndolo como algo normal, se convierte en parte de su cultura.

El otro extremo es interesante también. Si el niño o adolescente ha sido privado de ver casi todo, sin que medie ningún tipo de explicación o análisis sobre el porqué de estas restricciones, va generando en su mente un deseo inconsciente de ver aquello que le han prohibido. Si no sabe exactamente de qué lo están protegiendo sus padres, tarde o temprano terminará buscándolo sin el criterio adecuado, solamente porque el temor a los padres ya no será parte de su sistema cuando vaya a la universidad.

Por diseño de Dios, el cuerpo se va preparando para la vida sexual a partir de la pubertad, así que es inevitable (y hasta deseable) que los adolescentes tengan preguntas respecto a la sexualidad. El problema está en que los estímulos desordenados de la pornografía hablan de la sexualidad solamente desde el placer físico, desconectándolo de las implicaciones sociales, emocionales, espirituales y hasta fisiológicas. Por eso es vital enseñarles que Dios creó el sexo para ser disfrutado con inteligencia, y no como un escape hormonal para lastimarnos.

El sexo es como el fuego. Es maravilloso para sus usos positivos, pero peligrosísimo cuando se descontrola. ¿Por qué? Porque el sexo está íntimamente ligado a la

> **EL SEXO ES COMO EL FUEGO. ES MARAVILLOSO PARA SUS USOS POSITIVOS, PERO PELIGROSÍSIMO CUANDO SE DESCONTROLA**

identidad, y compartir nuestra identidad de una manera tan íntima con alguien implica tener una conexión con esa persona por el resto de la vida. Por eso la Biblia y la ciencia confirman que la mejor expresión de la sexualidad se da en el compromiso pleno del matrimonio.

Uno de los aspectos más importantes que debes tratar con tus adolescentes al hablar sobre la sexualidad es el tema de la pornografía. Puedes hacerlo tan profundo como el grupo te lo permita, pero siempre lo primero que debes compartir con el grupo es que en la adicción a la pornografía se puede observar la siguiente secuencia:

1. La persona mira pornografía, quizás de forma casual o por curiosidad.

2. Se inicia una búsqueda intencional.

3. Se intensifica la búsqueda y comienza la adicción, ya que la persona encuentra casi imposible frenar la búsqueda.

4. Llega la insensibilidad a la pornografía suave. Las cosas que ha visto la persona ya no le producen satisfacción como antes, por lo que empieza una búsqueda de nuevas formas de pornografía para volver a sentir esa satisfacción.

5. El cerebro queda cautivo con acciones de sexo desordenado que impulsan deseos desordenados. (Esta secuencia la conocen muy bien quienes producen pornografía, y por eso juegan con la fantasía).

6. Actos sexuales. Toda esa búsqueda de sensaciones sexuales hace que la persona finalmente termine acudiendo a lugares o buscando personas para hacer realidad sus fantasías.

Como ves, al inicio la pornografía se relaciona con un hábito. Sin embargo no se queda allí, pues el diseño del cerebro y del cuerpo humano hacen que la persona sienta cada vez más deseo y busque variedad. De allí que el problema se intensifica, y en poco tiempo produce en la persona insensibilidad, pues las imágenes y escenas que antes le traían satisfacción ya no lo hacen. Por este motivo es que comienzan a buscarse nuevas y más intensas maneras de calmar la sed sexual que la pornografía ha producido, hasta llegar a un momento en que la persona intenta pasar a la realidad lo que hasta ahora ha experimentado solamente en la ficción.

Este proceso puede desarrollarse muy rápidamente, pero deshacerse de él no es nada fácil. Algunos, de hecho, luchan toda su vida contra este veneno que contamina el hermoso diseño de Dios. Caer en la pornografía no es nada inteligente, y por ello es necesario que alertemos a nuestros adolescentes sobre este peligro que los acecha. Es muy fácil caer en la adicción a la pornografía, y la adolescencia es precisamente la gran etapa para esforzarse en evitarla.

Ellos deben aprender que su órgano sexual más poderoso no se cubre con un traje de baño.

La clave máxima para el sexo no se encuentra entre las piernas, sino entre las orejas, y por eso es vital que los adolescentes aprendan el plan de Dios para la sexualidad y el gran peligro de los desórdenes sexuales.

📖 ILUMÍNATE CON LA VERDAD

Lean juntos el siguiente texto:

> *«El Hijo de Dios vino a destruir las obras del diablo. El que ha nacido de Dios no practica el pecado, porque la vida de Dios está en él; no puede vivir entregado al pecado porque ha nacido de Dios».*
> **1 Juan 3:8-9**

Los cristianos todavía luchamos con el pecado, pero le hemos dado la espalda y ya no vivimos esclavizados a su poder. Algunos han explicado esto señalando la diferencia entre caer de vez en cuando y practicar el pecado de forma continuada. Otros ponen el énfasis en la intención o dirección de tu corazón. ¿Deseas con pasión vivir en santidad?

Si bien es cierto que seguimos siendo humanos, imperfectos, y falibles, debemos confiar en que lo que dice la Escritura es real, y sumarnos de manera activa con Jesús a destruir las obras del diablo.

Recuerda, una vez más, que esto es un PROCESO. No sucede por la fuerza, sino por el conocimiento progresivo de Dios.

El diseño de Dios para la sexualidad es claro. Revisa los siguientes versículos junto a tu grupo:

- *«Luego Dios los bendijo y les dijo: "Tengan muchos hijos, para que llenen toda la tierra, y la administren..."».* (Génesis 1:28). Dios puso la sexualidad para la multiplicación del género humano. Es la forma en que Dios dispuso el fruto físico que podemos dar como seres humanos. Si fuera tan mala, no produciría crecimiento sino extinción.

- *«Disfruta del amor, pero sólo con tu esposa. Tu amor y fidelidad le corresponden sólo a ella; ¡jamás se los entregues a otra! Recuerda que el goce del matrimonio solo les pertenece a los dos, y nadie debe inmiscuirse en él».* (Proverbios 5:15-17). Dios diseñó la sexualidad para el deleite de los esposos. El deleite sexual no es malo ni pecaminoso cuando ocurre dentro del diseño de Dios, que es el matrimonio. Fuera de él, produce culpa y condenación.

- *«"Por eso, el hombre dejará a su padre y a su madre y se unirá a su mujer, y los dos serán como una sola persona". Sé que esto es como un misterio difícil de entender; pero ilustra la manera en que Cristo se relaciona con la iglesia».* (Efesios 5:31-32). Aquí vemos que Pablo relaciona la unión entre el hombre y su mujer con la unión de Cristo y la Iglesia. Claro, es un misterio que todavía no alcanzamos a entender, ¡pero el paralelismo que existe es fenomenal! Y estamos hablando de unidad en todos los ámbitos de la vida: físico, emocional, afectivo, mental, espiritual. ¡No existe esta unidad si el sexo es utilizado fuera del ámbito para el cual Dios lo creó!

En resumen, es evidente que Dios pensó en algo bueno cuando diseñó la sexualidad. Y aunque hoy la sociedad ha corrompido tanto el concepto original de lo que debería ser el sexo, es nuestro deber como hijos de Dios y como discípulos de Jesús recuperar el verdadero sentido que Dios planeó para esto.

REFLEXIÓN PERSONAL

Ahora ayúdalos a pensar haciendo algunas preguntas...

- ¿Cuál crees que debería ser nuestro límite en cuanto a ver películas y series?

- ¿Quién o qué determina el momento para tener relaciones sexuales? ¿Por qué?

- ¿Qué hacer cuando estamos en un grupo que todos piensan diferente a lo que nosotros sabemos que es correcto?

Permíteles discutir y debatir por un rato sobre las preguntas anteriores. Luego déjales saber lo que tú esperas de ellos al tratar este tema. Deberías poner estas metas bien visibles, en un pizarrón o en una hoja de papel que todos puedan ver.

Aquí tienes algunas ideas, pero puedes incluir las tuyas propias:

- Espero que este grupo sea inteligente para manejar su sexualidad de la manera correcta.

- Espero que sepan discernir entre lo que les hace bien y lo que les daña.

- Espero verlos algún día tomar buenas decisiones en cuanto a sus relaciones de pareja.

- Espero que busquen ayuda cuando se sientan atrapados en algo.

Ahora hablemos un poco de enfermedades. Nunca está de más.

En el libro *La verdad desnuda* de Josh McDowell se presenta una estadística alarmante respecto de las ETS (enfermedades de transmisión sexual):

- 1 de cada 4 adolescentes sexualmente activos está infectado por ETS.
- 70 millones de estadounidenses viven actualmente con una ETS.
- 65 millones de casos de los del punto anterior no tienen cura.
- Alrededor del mundo, 330 millones de personas contraen una ETS cada año.

Algunas preguntas para investigar:

- ¿Cuáles son las principales ETS que existen hoy en día en el mundo?
- ¿Cuánto conocen mis adolescentes sobre ellas y sobre sus consecuencias?
- ¿Cuánta información poseen los padres de mis adolescentes como para conversar con sus hijos al respecto?
- ¿Cuánto conocimiento sobre estos temas tienen los pastores y líderes de la congregación?

Inculcarles miedo a nuestros adolescentes para que se alejen del sexo inseguro es siempre una tarea incompleta, así que ten cuidado de que la conversación no se quede solamente en la arma. Lo que necesitamos es poner inteligencia en sus decisiones, pues estas marcarán su destino.

La expresión «inteligencia sexual» contiene dos palabras que, aparentemente, no están relacionadas entre sí. Sin embargo, hoy más que nunca, necesitamos unirlas. Durante la adolescencia tenemos que darle toda la ayuda de nuestro cerebro a las decisiones relacionadas con la sexualidad, porque la sexualidad sin inteligencia es un riesgo demasiado alto.

Otro aspecto de las relaciones sexuales desordenadas es la escasa y sesgada información respecto de los preservativos, que son el método anticonceptivo más popular en el mundo. Aunque se dice que los preservativos ofrecen un alto grado de protección para prevenir embarazos y evitar contraer ETS, lo cierto es que aun con el uso de preservativos hay un riesgo enorme de adquirir una enfermedad de transmisión sexual o de embarazarse. Esto significa que su protección no es total, sino solo parcial. Además, hay que tomar en cuenta que algunas ETS también pueden transmitirse por el contacto genital y las caricias, a pesar del uso del preservativo. Esto no suena a una protección completa, ¿cierto?

> **LA SEXUALIDAD SIN INTELIGENCIA ES UN RIESGO DEMASIADO ALTO**

Por si quieres más detalles, en un estudio que las compañías fabricantes de condones fueron obligadas a realizar, se descubrió que el porcentaje de «error» o de «fracaso» que tienen los preservativos como método para prevenir un embarazo es del 31%. ¡Esta es una cifra mucho más grande que la que anuncian en las publicidades!

Es necesario advertirles a nuestros adolescentes que el uso del preservativo no es tan inteligente como nos han hecho pensar, y que la mejor manera de mantener nuestro cuerpo sano y evitar todo riesgo de un embarazo no deseado o precoz, es la abstinencia. ¡Eso sí es inteligente!

El autor Neil Anderson escribe en el libro *Una vía de escape*: «*Dios no nos manda a hacer algo que no podamos hacer, o que el diablo pueda impedirnos hacer. En Cristo usted ha muerto al pecado, y el diablo no puede hacerle nada. Lo tentará, lo acusará y tratará de engañarlo, pero si el pecado reina en su cuerpo es porque usted ha permitido que así sea. Usted es responsable por sus propias actitudes y acciones*».

Ser responsables de nuestras propias acciones es una de las señales de madurez y de desarrollo del carácter.

MEDITA EN UN PERSONAJE

JONAS BROTHERS

Kevin, Joe y Nick Jonas formaron lo que llegó a ser una de las bandas más populares entre las chicas de todo el mundo. Su carrera se disparó con muchos éxitos durante varios años hasta que decidieron separarse como banda y hacer trabajos solistas.

Quizás sea desconocido por muchos, pero en sus inicios los Jonas Brothers hablaron abiertamente de su fe y, en medio de montañas de entrevistas y de la locura de sus giras por el mundo, contaron a todos sus fans la decisión que habían tomado en el área sexual. Ellos se habían comprometido ante Dios para mantenerse puros hasta llegar al matrimonio, sellando ese pacto con un anillo que los tres mostraban orgullosos cada vez que les preguntaban sobre el tema.

El pacto que hicieron de obediencia a Dios fue muy fuerte y digno de ser reconocido, y por este acto fueron admirados por mucha gente, aunque muchos otros nunca creyeron en aquella decisión de los jóvenes cantantes. Desde allí hasta el día de hoy no tenemos demasiada información. Ellos no han vuelto a tocar el tema del pacto, y su vida ha ido dando varios giros. No podemos saber si los tres han logrado cumplir ese pacto, pero el haberse enfrentado al mundo entero, siendo aún adolescentes, y en medio de un mundo artístico tan hipersexualizado, de seguro tiene un mérito.

PREGUNTAS PARA LOS DISCÍPULOS:

- ¿Por qué los Jonas Brothers harían este pacto?
- ¿Cuál es el beneficio y cuál el precio de hacer un pacto con Dios en esta área?

SANSÓN

Sansón aparece en la Biblia en el libro de Jueces, del capítulo 13 en adelante.

Las diferentes facetas de este personaje son extremas. En sus inicios, fue elegido por Dios para ser ungido como nazareo. Como tal, debía cumplir con ciertos requisitos, como nunca cortarse el cabello, no beber vino ni sidra, no tocar animales muertos, y toda una lista de mandatos a los que debía ajustarse para mantener su voto.

Lamentablemente, más adelante en su vida, Sansón hizo exactamente lo contrario. Mató con sus propias manos un león, tocando así un animal muerto. Y con una quijada que tomó de un asno muerto, mató a mil hombres. ¡Cuánta torpeza! Y si bien es cierto que la manifestación de su fuerza era sorprendente, su incapacidad para manejar sus emociones lo convirtió en un hombre muy tonto.

En el capítulo 14 puedes ver su obstinación por casarse con una mujer de quien la Escritura ni siquiera menciona el nombre. En el capítulo 15, te sorprenderá saber que Sansón se acostó con una prostituta. Sin embargo, probablemente el mayor error de todos los que cometió fue contemplar la posibilidad de tomar como esposa a Dalila, lo cual se describe en el capítulo 16. Dalila engañó a Sansón una, dos y hasta tres veces, guiada por los consejos de los príncipes de los filisteos, quienes querían atraparlo. Él pensó que lo tenía todo bajo control, pues no había caído en los engaños de Dalila en aquellas tres oportunidades, pero la cuarta vez no tuvo tanta suerte... Sansón se dejó sorprender una vez más, al contarle a Dalila el secreto de su fuerza. Como consecuencia, no solo perdió su cabello, sino también sus ojos y su libertad.

PREGUNTAS PARA LOS DISCÍPULOS:

- ¿Por qué Sansón no pudo guardarse en pureza?
- ¿Cuál fue el precio que pagó?
- ¿Cómo se ve mantenernos en pureza hoy?

ACCIONES CONCRETAS

Para definir los próximos pasos vienen bien estas preguntas:

- ¿Cómo evitar las tentaciones sexuales con inteligencia?
- ¿Cómo ayudar a mis amigos a mantenernos en pureza?
- ¿Qué debo tomar en cuenta de mi sexualidad en la formación de mi identidad?
- ¿Cómo se relaciona la sexualidad con mi futuro?

Afirma en tus adolescentes la convicción de que fueron hechos para la pureza, y de que ella es la mejor avenida hacia el gozo y aun el bienestar sexual.

Afirma en ellos la seguridad de que Dios quiere que disfruten su sexualidad de manera sana y por eso lo más sabio es esperar al vínculo sagrado del matrimonio.

Afirma en ellos el compromiso de tomar medidas prácticas para luchar contra las tentaciones con inteligencia.

LECCIÓN 6
LA CONEXIÓN FUNDAMENTAL

*«Dios no nos llama a estar cómodos.
Él nos llama a confiar en Él».*
Francis Chan (*Loco amor*)

Neo vive en un mundo ficticio; un ambiente generado por computadoras que se conectan con gruesos cables a su cerebro para hacerle experimentar toda clase de sensaciones y experiencias similares a la realidad y hacerle creer que está en ella. Morfeo ha estado buscando al «elegido» desde hace décadas, porque la profecía dice que esa persona logrará salvar a toda la humanidad, y piensa que Neo es aquel a quien ha buscado por tanto tiempo. La trilogía comienza con la búsqueda y liberación de Neo del sistema de las máquinas. Morfeo le explica que ha estado conectado a una máquina durante toda su vida y le da la opción de quedarse allí o librarse de esa esclavitud. Solo tendrá que elegir entra la píldora roja y la azul.

The Matrix fue la trilogía de películas que lanzó al estrellato a un poco conocido por ese entonces Keanu Reeves e hizo que, entre otros temas, muchos pensaran en cómo la sociedad contemporánea está tan conectada a la red de noticias y entretenimiento que pueden hacernos experimentar lo que quieran.

¿A qué, o a quién, están conectados nuestros adolescentes a través de los medios digitales?

Las ideas, información e influencias a las que se conecten los discípulos tendrán todo que ver con sus aspiraciones y valores, y por eso este es un tema clave. En la adolescencia es vital que ellos comprendan la importancia de saber a quiénes

MUCHOS DE LOS QUE ASISTEN REGULARMENTE A LA IGLESIA, SE CONGREGAN FIELMENTE, Y SIGUEN TODAS LAS PRÁCTICAS DE LOS CRISTIANOS, ESTÁN MÁS CONECTADOS CON EL MUNDO QUE CON DIOS

elegir para que caminen cerca suyo y a quiénes escuchar. Por otra parte, la Conexión Fundamental que ellos deben tener es con el Padre, a través de Cristo. Sin esa conexión, su vida en la Iglesia no tendrá sentido.

Estar conectados a la Matrix podría significar estar conectados al mundo, y muchos de ellos están en esa situación. Incluso muchos de los que asisten regularmente a la iglesia, se congregan fielmente, y siguen todas las prácticas de los cristianos, están más conectados con el mundo que con Dios.

AVALANCHA DE IDEAS

Consigue un ovillo de lana lo suficientemente largo y algunas sillas, teniendo en cuenta el número de participantes que habrá.

El primer paso será separarse, extender el ovillo entre todos, y pedirle a cada uno de los chicos y chicas que hagan un lazo grande en la porción del ovillo que les tocó. Pídeles que dejen suficiente lana entre un lazo y otro, o sea, entre un participante y otro. Que queden al menos dos metros de espacio.

Una vez que estén todos conectados, el desafío consistirá en que todo el grupo deberá viajar de un lado al otro del lugar. El segundo nivel es comenzar a caminar sobre las sillas. Aquel que toque el piso no podrá continuar; saldrá del juego y se quitará una silla.

LA CONEXIÓN FUNDAMENTAL

La otra regla es que cada uno debe tomar con una de sus manos el lazo que hizo, y no puede despegarse de él. No es suficiente con que siga agarrando la cuerda o lana; debe agarrar el lazo que fabricó en ella. Aquel que suelte el lazo que hizo, deberá salir, y se quitará también una silla en este caso.

Como pronto podrás observar, el reto se va complicando de a poco. Sé rígido en las reglas. Si alguien toca el piso o alguien suelta el lazo que hizo, deberá salir del juego.

Recomiéndales que piensen una estrategia, y que hablen el uno con el otro para organizarse. ¡Mientras menos hablen, más difícil será finalizar con éxito!

Si lo deseas, puedes poner un tiempo límite para hacerlo más intenso.

DESENLACE:

Lo más importante de esta curiosa experiencia es la conclusión.

Reúne al grupo y pídeles que compartan lo que sintieron mientras jugaban. Pregúntales si tuvieron éxito o no, y a qué creen que se debió. Permite que todos puedan compartir sus impresiones.

Ahora es tu momento de aterrizar lo que pasó:

La cuerda representa a Dios. Sin Él no podemos vivir. Por eso era tan necesario estar todo el tiempo tocando la cuerda. Pero los lazos también eran importantes, porque representan a cada persona que te ayuda a acercarte a Dios, como los líderes, mentores, padres naturales, padres espirituales, pastores, etc.

Las sillas representan las dificultades del camino que uno atraviesa y las decisiones que se van tomando en la vida y que a veces te hacen caer.

Deja en claro el concepto de que no se puede avanzar en la vida sin tomarnos de la mano de Dios, y tampoco podemos hacerlo sin la compañía de personas que nos ayuden a mantenernos firmes en este camino.

FUNDAMENTOS DEL TEMA

Admitir la existencia de Dios es una cosa pero confiar en Él, es otra. Según la Escritura, hasta los demonios creen, aunque huyen cuando escuchan su nombre. Por eso, el hecho de creer no es suficiente. Confiar en Dios tiene más potencia. Tiene que ver con una relación que podemos alimentar. Es igual a lo que sucede con una persona que apenas conoces, pero que conforme pasan tiempo juntos, se van conociendo cada vez más.

¿Cómo te conectas con un nuevo amigo o amiga?

> **ADMITIR LA EXISTENCIA DE DIOS ES UNA COSA PERO CONFIAR EN ÉL, ES OTRA**

Al inicio, alguien te cuenta acerca de la persona, o te la presenta. Esa persona te cae bien, y decides buscar momentos para relacionarte más con ella. Aún no hay conexión en esta etapa, solamente pasan tiempo juntos, se conocen más el uno al otro, y empiezan a ver lo que tienen en común. Si ambos siguen alentando la relación de amistad, pronto encontrarán momentos más personales, aprenderán a resolver sus conflictos, y si todo eso sale bien, habrán aprendido a mantenerse conectados el uno con el otro. Por otra parte, si esa conexión no se da

LA CONEXIÓN FUNDAMENTAL

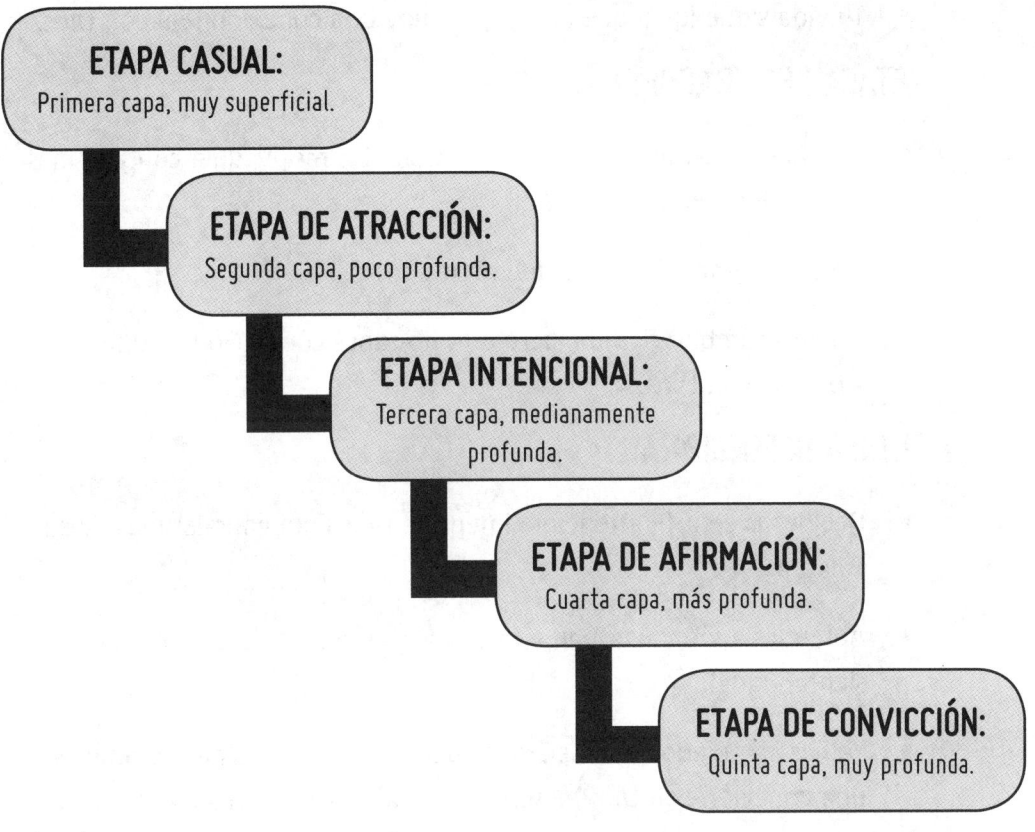

bien, la amistad quedará como algo pasajero, como recuerdos de alguien a quien alguna vez conociste.

Para conectarnos con Dios también tenemos que atravesar algunas etapas, las que podrían resumirse de la siguiente manera:

A continuación te presentamos un detalle de cada etapa:

1. **ETAPA CASUAL:**

    - Alguien te contó acerca de Dios o te presentaron el evangelio.

    - No entiendes aún por qué hacen lo que hacen aquellos que siguen a Dios.

- Tu vida sigue igual que antes, y no hay una conexión real con Dios.

2. ETAPA DE ATRACCIÓN:

- El evangelio atrajo tu atención y te sientes motivado a conocer más de ese Dios del que te hablan.

- No sabes orar, pero dejas que oren por ti.

- Quieres cambiar tu vida, pero aún no sabes cómo. No hay una conexión real con Dios.

3. ETAPA INTENCIONAL:

- Decides acercarte intencionalmente a Dios para conocer más de su Palabra.

- Aprendes a orar, a adorar, y te congregas con otros que piensan y sienten igual.

- Ya has cambiado algunas áreas que no eran buenas para ti. Inicias una conexión con Dios, pero le pones algunas condiciones.

4. ETAPA DE AFIRMACIÓN:

- Tu relación con Dios se afirma y se convierte en una fe genuina. Investigas profundamente las cosas de Dios.

- Aprendes a escuchar su voz. La oración se convierte en un estilo de vida, y adquieres nuevas formas de comunicarte con Dios.

- Pones todo tu esfuerzo en cambiar tu vida y agradar a Dios. Estás conectado con Dios, y decides creer a pesar de no entender muchas cosas.

5. ETAPA DE CONVICCIÓN:

- No habrá nada que cambie tu manera de pensar. Seguirás a Dios hasta las últimas consecuencias.

LA CONEXIÓN FUNDAMENTAL

- Tienes una comunicación fluida con Dios, le conoces a través de su Palabra y de su voz, y aprendes a ver a Dios en todas las cosas.

- No practicas el pecado, sino que te alejas de él. Tu conexión con Dios es profunda y motivas a otros a llegar allí.

Parte del camino de un discípulo es navegar por estas aguas... Intenta identificar en qué etapa estás tú. Luego pregúntales a tus chicos y chicas en qué etapa están ellos, y compárteles algunas ideas de cómo ir caminando hacia las siguientes etapas.

📖 ILUMÍNATE CON LA VERDAD

No existe otro ejemplo mejor en la Biblia acerca de conectarse con Dios que el de Jesús. Por todo el evangelio lo vemos conectado con el Padre para tomar las decisiones importantes. Desde su niñez hasta el momento de su último aliento de vida natural, Jesús hizo todo para agradar a Dios.

La conexión de Jesús con el Padre y Su voluntad se notaba en sus oraciones, en sus discursos, que siempre terminaban haciendo referencia a las palabras que el Creador había inspirado a escribir a los antiguos profetas, en sus milagros, luego de los cuales siempre daba la gloria al Padre, e incluso cuando hablaba de cosas cotidianas y compartía con sus discípulos, ya que sus palabras y acciones exhibían que tenía una relación íntima con Dios.

> **NO EXISTE OTRO EJEMPLO MEJOR EN LA BIBLIA ACERCA DE CONECTARSE CON DIOS QUE EL DE JESÚS**

Muéstrale esta secuencia a tu grupo de discipulado:

- Cuando era niño, a los 12 años...

«Él le respondió: –¿Por qué me buscaban? ¿No sabían que tengo que estar en la casa de mi Padre?». **(Lucas 2:49)**

...Jesús tenía la certeza de que el Padre le quería allí, en sus asuntos.

- En su bautismo, antes de comenzar su ministerio público...

«En una ocasión en que todos iban para que Juan los bautizara, Jesús fue y también a él lo bautizó. Y mientras Jesús oraba, el cielo se abrió y el Espíritu Santo bajó sobre él en forma de paloma. Entonces se oyó una voz del cielo que decía: –Tú eres mi Hijo amado; estoy muy contento contigo». **(Lucas 3:21-22)**

...Las palabras del Padre afirmaban la conexión que había entre ambos.

- En la elección de sus discípulos...

«En aquellos días se fue Jesús a la montaña y pasó toda la noche orando a Dios. Al amanecer, llamó a sus discípulos y entre ellos escogió a doce, a los que llamó apóstoles: Simón (a quien le puso el nombre de Pedro) y su hermano Andrés, Jacobo, Juan, Felipe, Bartolomé, Mateo, Tomás, Jacobo hijo de Alfeo, Simón (al que llamaban Zelote), Judas hijo de Jacobo, y Judas Iscariote (que fue el que lo traicionó)». **(Lucas 6:12-16)**

...¿quién se pasó toda la noche orando? Jesús.

- Cuando les enseñaba a orar...

«Él les dijo: –Cuando oren, digan: «Padre, santificado sea tu nombre. Venga tu reino. Danos hoy nuestro pan de cada día. Y perdónanos nuestros pecados, porque también nosotros perdonamos a todos los que nos hacen mal. Y no nos metas en tentación»». **(Lucas 11:2-4)**

...el Padre siempre estaba en sus oraciones.

- En el momento de su muerte...

«Entonces Jesús gritó con fuerza: –¡Padre, en tus manos encomiendo mi espíritu! Y después de decir esto, murió». **(Lucas 23:46)**

LA CONEXIÓN FUNDAMENTAL

...Jesús habló con la certeza de que estaba pronto a encontrarse nuevamente con el Padre.

Su forma de expresarse, de dirigirse al Padre, de ser uno con Él, y de pedirnos que seamos nosotros también uno solo con Él, todo esto nos hace ver el nivel de conexión que Jesús tenía con el Eterno Dios. ¡Aprendamos de Cristo, nuestro mayor ejemplo!

REFLEXIÓN PERSONAL

Es tiempo de ayudar a los discípulos a mover las neuronas con algunas preguntas:

En un sentido amplio, ¿qué es la religión?

¿Qué es la espiritualidad?

¿Cuál es la diferencia entre las dos?

Al abrir esta discusión encontrarás mucho de todo. Verás a los que dicen ser espirituales, pero no religiosos. También a aquellos que son fieles a una religión porque así lo aprendieron. Te encontrarás con los que dicen ser espirituales, pero en realidad, al igual que los fariseos, practican los ritos de una religión pero sin una vida cambiada. Algunos te dirán que el cristianismo es una relación y no una religión pero no saben por qué, y estarán los que dicen que sin la religión no conoceríamos a Dios.

> **SIN CAMBIOS EN LA DIRECCIÓN DE NUESTROS CORAZONES, LA RELIGIÓN EXTERIOR NO TIENE SENTIDO**

Lo cierto es que, sin cambios en la dirección de nuestros corazones, la religión exterior no tiene sentido. E incluso, nuestros cambios interiores genuinos no vienen antes de entender la gracia de Dios, sino como reacción natural y agradecida frente a esa gracia. No importa cuánto valor le des a una religión, ni con qué celo sigas sus prácticas; si no tienes una conexión real con Dios, esa religión termina siendo inútil. Por otro lado, si dices ser espiritual, no puedes estar en el lugar de juzgar a la religión, puesto que tu propia espiritualidad te hace cumplir las prácticas de la religión.

Lo que sucedió con los fariseos es que valoraron más la religión que se veía, que su relación secreta con Dios. Por eso terminaron con una religión vacía, llena de instrucciones que pedían obediencia sin entender el por qué.

MEDITA EN UN PERSONAJE

CANDACE CAMERON

Candace fue la protagonista de la serie *Full House* y su secuela *Fuller House*, que llegaron a ser series superexitosas en los Estados Unidos y otras partes del mundo. A Candace puedes verla en entrevistas hablando abiertamente de Dios y de la importancia de la fe en su vida diaria, y demostrando sin ningún tipo de reserva que a pesar de que el mundo del espectáculo está lleno de tentaciones y contravalores, ella ha podido mantenerse firme.

No se puede asegurar categóricamente cuál es el nivel de su relación con Dios, ni en qué etapa pueda estar, dado que eso solo lo puede saber Dios que conoce su corazón. No obstante, es de admirar su firmeza al hablar de sus convicciones abiertamente, aún sobre temas complicados como la homosexualidad y el pecado. Ella podría callarse, pero no lo hace.

Su historia contrasta con la de muchos cristianos que intentan pasar desapercibidos en el mundo, en sus escuelas y colegios, en la universidad, en sus trabajos... y así, poco a poco, se van haciendo más amigos del mundo que los envuelve. Esto es muy común, pero no es lo ideal. Como hijos de Dios, y como discípulos de Cristo, deberíamos tener las agallas de decir quiénes somos. Aunque, pensándolo bien, el problema quizás no esté en decirlo, sino en estar realmente convencidos de ello y actuar conforme a lo que somos en realidad.

SAMUEL

El profeta Samuel, escritor de dos libros de la Biblia, es considerado un siervo que estaba en constante conexión con el Eterno. Desde muy niño ya escuchó su voz, y aunque no sabía quién era Dios ni cómo distinguir esa voz, poco a poco fue aprendiendo. Gracias a su sensibilidad para escuchar la voz de Dios, Samuel pudo seguir en todo momento las instrucciones que venían de Él, desde en cosas que parecían ser insignificantes, hasta en los actos proféticos de mayor relevancia para la historia del Pueblo de Dios.

Por ejemplo, Samuel recibió dirección de Dios para ungir a Saúl como el primer rey de Israel, y también supo cuando era el tiempo para destituirlo por su desobediencia. Pudo encontrar a David para ungirlo como el sucesor de Saúl a pesar de que estaba escondido en el campo pastoreando ovejas. Incluso cuando le presentaron primero a todos sus hermanos, supo esperar a que llegara el correcto, aquel que Dios había elegido.

Samuel fue testigo de muchas batallas, tanto victorias como derrotas, y ninguna cosa lo apartó de ese Dios que él había conocido desde la niñez. Estar conectado con Dios no significaba para Samuel escucharle solamente, sino también obedecerle, y por eso siempre tuvo el privilegio de escuchar la voz audible de Dios que nunca se apagó en su vida.

PREGUNTAS PARA LOS DISCÍPULOS:
- ¿Qué podemos aprender de estos personajes?
- ¿Cómo pueden ayudarnos a conectarnos con Dios mientras nos desconectamos del mundo?

ACCIONES CONCRETAS

Muéstrales a tus adolescentes el cuadro de las etapas en una relación, y ayúdales a evaluar dónde están en su conexión con Dios hoy, para tomar el siguiente paso.

> **LA CLAVE DEL CRECIMIENTO NO ESTÁ EN SALTAR DESDE EL PRIMER NIVEL AL ÚLTIMO, SINO EN PASAR AL SIGUIENTE**

La clave del crecimiento no está en saltar desde el primer nivel al último, sino en pasar al siguiente. Para algunos ese paso significará una cosa, y para otros, otra, así que ayúdales a dar pasos concretos de crecimiento desde donde cada uno esté.

Elabora con ellos un plan para continuar avanzando en el proceso. El plan puede incluir algunas ideas generales como las siguientes:

- Aprender a escuchar la voz de Dios en el silencio.

- Salir a un lugar alto, como una montaña, o la azotea de una casa o edificio, temprano en la mañana para observar el amanecer. Puede ser que cada uno vaya por su cuenta, o que se junten para hacerlo.

- Escuchar una canción una noche de la semana a solas en sus habitaciones y tratar de recibir lo que Dios les quiere decir. Puedes sugerirles algunas canciones para esto.

- Reunirse para tener un tiempo de oración juntos, en persona o de manera virtual, en un momento diferente al de la reunión habitual.

- Organizar un reto de lectura de la Biblia durante la semana. (Al final puedes pedirles que escriban, en papel o en un chat, lo que sienten haber recibido y escuchado de Dios de forma personal).

Las opciones pueden ser muchas más. Lo importante es que la experiencia sea un nuevo paso. Esto es parte del trabajo de ayudar a un discípulo a caminar más allá en su conocimiento intelectual de Dios.

LECCIÓN 7
ROMANCE Y NOVIAZGO

«Que algo se sienta urgente y sea natural no justifica que lo hagamos sin reflexión».
Lucas Leys (*Diferente*)

¿Cuál es el tema más repetido en las películas y las canciones? No hay dudas de que es el amor. La música, la pintura, la escultura, las novelas, las series de televisión, las películas, y cada aspecto de las artes nos invita a hablar del amor de alguna manera. Y no importa si es verano, invierno, otoño o primavera, si llueve o es un día soleado, todos los ambientes se prestan para hablar del amor.

Tus adolescentes lo saben, y probablemente no haya otro tema que los llene más de intriga que este, y por eso es vital tratarlo con sabiduría.

El amor es la trama de la vida porque Dios es amor. El romance y el noviazgo deben ser la antesala de la expresión más bella y poderosa del compromiso humano.

EL AMOR ES LA TRAMA DE LA VIDA PORQUE DIOS ES AMOR

Hablar sobre el romance disparará diferentes reacciones entre los adolescentes. Algunos pondrán cara de vergüenza porque no es un tema del que hablarían abiertamente si tuvieran elección; otros se sentirán urgidos, unos cuantos, incomprendidos, y algunos superados. Pero lo que es seguro es que todos necesitan una perspectiva clara, bíblica, amorosa y sabia sobre el tema.

🧠 AVALANCHA DE IDEAS

Asígnale a cada adolescente un rol para interpretar respondiendo a la pregunta: ¿Qué es el amor?

- Un artista popular (puedes elegir distintos géneros para facilitar mayor participación).
- Un psiquiatra no creyente.
- Una escritora de novelas románticas.
- Un universitario, chico o chica, con mucho dinero.
- Un esposo o esposa que lleva 30 años de matrimonio.

Puedes inventar más personajes, ya que debe haber tantos como discípulos tengas en tu reunión.

El propósito de esta actividad es explorar las ideas que tienen los adolescentes sobre el amor desde la perspectiva de otros. Esta dinámica, como todas las de esta sección de «Avalancha de ideas», no tiene el objetivo de sacar conclusiones, ni de decir qué teoría es verdadera o falsa, sino simplemente de entrar en tema y observar la forma en que ellos piensan, en este caso a partir de sus interpretaciones teatrales. ¡De seguro se divertirán!

Luego de escuchar a cada uno sin corregirlos (para que no digan lo que creen que quieres escuchar), celebra las actuaciones, y pregúntales los motivos por los que actuaron de tal o cual manera, o dijeron tal o cual cosa.

📝 FUNDAMENTOS DEL TEMA

Hay quienes dicen que como la palabra «enamoramiento» no existe en la Biblia, no deberíamos permitir a los adolescentes enamorarse. Pero si fuera por palabras que no existen en la Biblia, tampoco existe América, ¡y no podríamos decir que es antibíblico vivir en ella!

Recordemos, además, que quien lidera un proyecto de discipulado no es quien les dice a los participantes lo que deben hacer, sino alguien que les ayuda a pensar de la forma más parecida a Jesús mientras los acompaña en su caminar a través de ese proceso.

AMAR ES BUSCAR EL BIENESTAR MÁXIMO DE LA OTRA PERSONA

Las emociones de los adolescentes son reales y normales. No deberíamos poner condenación sobre ellos por algo que fue diseñado por Dios ante la expectativa de una relación de pareja. Lo que debemos hacer como discipuladores es ayudarlos a manejar con sabiduría sus emociones para que sepan conducirlas distinguiendo el tiempo oportuno para cada cosa.

El enamoramiento es una poderosa sensación de atracción que explota dentro de un adolescente, independientemente de cuán razonable sea esa sensación, creando una ilusión fantasiosa acerca de cómo sería la vida con esa persona. Cuando un chico o chica se ilusiona, inicia todo un proceso imaginario de expectación idealizada sobre lo que podría significar un acercamiento romántico con ese otro. Eso no tiene nada de malo. De hecho, no solamente es normal, sino necesario para ir elaborando su convicción personal acerca del amor, y su habilidad para gestionar emociones y sensaciones.

En su libro *Amar es para valientes*, Itiel Arroyo parafrasea al apóstol Pablo diciendo que: «Amar es buscar el bienestar máximo de la otra persona, incluso por encima del bienestar personal». Esta noción acerca del amor es más urgente hoy que nunca, porque los adolescentes suelen ser bombardeados con mensajes que les dicen que el amor es un sentimiento y que si las sensaciones son fuertes es porque «la química» está lista para la pareja.

De hecho, si prestas atención a las canciones y películas de moda, fácilmente podrás identificar las siguientes 3 ideas equivocadas acerca del amor de pareja:

- **El amor es para ser feliz.** Esto es lo que muestran las series y películas, pero definitivamente el amor verdadero no persigue en sí mismo la satisfacción personal ni busca la felicidad propia.

- **Tener sexo es hacer el amor.** La mejor prueba del amor es desear la mejor sexualidad para la otra persona, y no la satisfacción de mis deseos. La atracción sexual es física, y no es sinónimo de amor.

- **El amor es un sentimiento.** Si bien los sentimientos son una parte bella del amor, los sentimientos dependen de las circunstancias, y aun el amor más idealista en algún momento se desinfla de emociones, sobre todo a partir del compromiso en la relación. El verdadero amor ama hasta cuando no lo siente.

LO QUE EL AMOR VERDADERO VERDADERAMENTE HACE:

- **Prioriza la felicidad del otro.** La persona que ama de verdad debe estar dispuesta a renunciar a su propia felicidad para poder hacer feliz a alguien más.

- **Respeta la intimidad.** Aquel que ama de verdad sabe que debe guardar los momentos de intimidad hasta que llegue el tiempo adecuado. Nadie que ama exige al otro ir más allá de lo que debe ir.

- **Se compromete a largo plazo.** La relación de pareja fue diseñada para ser de largo plazo, exclusiva, y enfocada en un futuro juntos. Pero este futuro es algo que se construye poco a poco, y no hay relación de pareja sin problemas. Es necesario aprender a atravesar juntos los momentos difíciles.

La siguiente pregunta que debemos responder es:

¿Es la adolescencia la etapa ideal para las relaciones de pareja?

Si la adolescencia es el tiempo de descubrirnos a nosotros mismos, no es la mejor etapa para comprometernos con otra persona que también se está descubriendo.

Una cosa es cierta. Si no le enseñamos a esta generación principios sanos sobre las relaciones de pareja, y si no les enseñamos qué esperar en cuanto al noviazgo, los resultados pueden ser nefastos. Pero si nos ocupamos de guiarlos hacia relaciones con propósito divino, ¡tendremos cada vez mejores matrimonios y generaciones con mayor entendimiento de Dios y su voluntad!

> **LA ADOLESCENCIA ES LA ETAPA PARA CONOCERME, SABER QUIÉN QUIERO SER, Y COMENZAR A CONSIDERAR QUÉ TIPO DE PERSONA QUIERO TENER A MI LADO A LARGO PLAZO**

La adolescencia es la etapa para conocerme, saber quién quiero ser, y comenzar a considerar qué tipo de persona quiero tener a mi lado a largo plazo, sin ponerle nombre aún, y evitando que la atracción física me distraiga.

📖 ILUMÍNATE CON LA VERDAD

Tener sentimientos por alguien no es igual a amar a alguien. La Palabra de Dios es muy clara con respecto al amor en todas sus dimensiones. Analizaremos en este espacio dos aspectos del amor: el amor de Dios, y el amor humano.

Muchos son los pasajes que definen el amor de Dios. Estudiaremos apenas uno de ellos:

> *«Pido también que, por medio de la fe, Cristo habite en sus corazones, y que ustedes echen raíces y se cimienten en el amor, para que puedan entender, en compañía de todo el pueblo santo, lo ancho, largo, alto y profundo que es el amor de Cristo. Pido que ustedes experimenten ese amor, que nunca podremos entender del todo. Así estarán completamente llenos de Dios».*
> **Efesios 3:17-19**

Dios ama a toda la humanidad y a toda su creación. Su amor es infinito, y no es exclusivo de unos pocos. Todos pueden acceder a él. Sin embargo, dice el pasaje que para aquellos que han puesto su fe en Cristo, Él viene a habitar en sus corazones, para que de esa forma puedan echar raíces y sean cimentados en el amor.

El versículo 17 nos explica esto con dos imágenes que se parecen al amor de Dios. La primera son las raíces, que es lo que sostiene a un árbol. Si las raíces son más profundas, el amor será más alto y fuerte. La segunda figura es la de los cimientos, que es una palabra del ámbito de la construcción. Nos lleva a saber que nuestra vida debe ser construida sobre la base del amor de Dios en nosotros. Las dos figuras nos dicen que el amor es lo primero, lo básico, lo imprescindible para conocer a Dios. Una vez que eso sucede, cada hijo de Dios puede experimentar las diferentes dimensiones del amor de Dios. Luego los versos 18 y 19 nos hablan de cuatro dimensiones: Ancho, largo, alto y profundidad. Podría verse de la siguiente manera:

El amor de Dios es...

...tan ancho que cubre a toda la humanidad y la creación entera.

...tan largo que nos acompaña durante todo el camino de nuestra vida.

...tan alto que nos conecta con el cielo mismo.

...tan profundo que conoce lo más íntimo de nosotros.

El ancho es la dimensión que nos hace ver a los lados, a izquierda y a derecha, es decir, a los demás, a los que están a nuestro alrededor. El amor que recibimos de Dios debe derramarse en otros.

El largo es la dimensión que nos hace mirar hacia adelante. El amor de Dios nos da visión completa y justa sobre nuestros caminos, y nos traza una meta a seguir que es Cristo mismo.

El alto nos hace mirar hacia arriba, al cielo, que es donde Dios se mueve, pues Él es amor. Desde arriba, desde el Padre, proviene todo don perfecto, así que todo lo que somos y lo que tenemos es de Dios y para Dios.

La profundidad nos hace ver hacia dentro de nosotros mismos para mirar nuestra condición y evaluar lo que no debe estar allí. El amor profundo de Dios nos perdona de todo pecado y nos da libertad a pesar de nuestro pasado.

> **SI DIOS ES AMOR Y NOSOTROS SOMOS SUS HIJOS, DEBEMOS IMITARLE EN TODO, PROCURANDO PARECERNOS A ÉL**

Ahora bien, hablemos un poco del amor humano:

> *«Por tanto, imiten a Dios como hijos amados. Y vivan amando a los demás, siguiendo el ejemplo de Cristo, que nos amó y se entregó por nosotros en sacrificio, como ofrenda de perfume agradable a Dios. Que entre ustedes ni siquiera se mencionen pecados sexuales, o cualquier forma de impureza o de avaricia. Eso no es propio del pueblo santo de Dios».*
> **Efesios 5:1-3**

¿Qué enseñanzas nos deja este versículo?

Primera instrucción: Imitemos a Dios porque somos sus hijos amados. Si Dios es amor, y nosotros sus hijos, debemos imitarle en todo, procurando parecernos a Él. Si Cristo nos amó, debemos andar como él anduvo:

> *«El que afirma que está unido a Dios, debe vivir como Jesucristo vivió».*
> **1 Juan 2:6**

Segunda instrucción: Vivamos amando a los demás por el ejemplo de Cristo. Nuestra entrega al amar a los demás es un sacrificio que produce un perfume agradable a Dios. Es una gran ofrenda que le podemos dedicar. Además, así conocerán que somos discípulos de Cristo:

> *«Si se aman unos a otros, todos se darán cuenta de que son mis discípulos».*
> **Juan 13:35**

Tercera instrucción: Evitemos totalmente los pecados sexuales, la impureza y la avaricia, porque son formas egoístas de pervertir el amor genuino que hemos recibido de Dios. El amor no comete pecado contra otros, pues es sufrido, benigno, no busca lo suyo propio y no hace nada indebido:

«El amor es paciente, es benigno; el amor no es envidioso; el amor no es presumido ni orgulloso; no se comporta con rudeza ni es egoísta ni se enoja fácilmente ni guarda rencor».
(1 Corintios 13:4-5)

Como ves, el amor no está supeditado a las relaciones sentimentales. Es una cultura, una forma de pensar y de actuar. Es la esencia de Dios en nosotros, porque Dios es amor.

¡No hay nada más grande que el amor de Dios manifestado por sus hijos!

REFLEXIÓN PERSONAL

Una pregunta clave de reflexión que hay que hacer con los adolescentes es la siguiente: ¿qué se necesita para estar listo para una relación de pareja? Aquí hay algunas posibles respuestas:

- Compromiso a largo plazo. Si alguien no está interesado en mantener un noviazgo con expectativa de matrimonio, entonces se trata de una persona que valora poco la relación, o poco el matrimonio.

- Independencia para tomar decisiones. Si tienes una edad en la que tus padres ya te permiten tomar tus propias decisiones, tienes un punto a tu favor. Si no tienes esa edad, entonces aún no es el tiempo.

- Madurez emocional. No puedes emprender una relación si un día quieres a esa persona y al día siguiente quieres terminar la relación.

ROMANCE Y NOVIAZGO

- Dominio propio. Si no eres capaz de contener tus impulsos sexuales, aún no estás en condiciones de mantener un noviazgo sano.

- Renunciar al egoísmo. Una relación de pareja implica pensar en el otro, y normalmente un adolescente está enfocado en sí mismo la mayoría del tiempo. Saber que debes preocuparte por alguien más es un requisito indispensable para aquel que quiera tener una relación de noviazgo.

- Tener propósitos claros. La relación de pareja tiene un propósito del cielo. Si no entiendes el propósito natural y espiritual de una relación de pareja, entonces aún no estás listo para tener una.

Ahora que tocamos el tema del propósito, puede ser una buena idea compartir con tu grupo la necesidad de que cada cosa que hagamos tenga un propósito claro, enfocado, y entregado por Dios. Sin esto, ninguna cosa tiene sentido sobre la Tierra. El propósito maduro de una relación de pareja nunca es para satisfacer las apariencias, o porque todos lo hacen, o porque soy la única que no tiene novio, o simplemente porque me gusta alguien. Aunque no toda relación terminará en boda, sí debemos enseñarles a los adolescentes que no pueden desperdiciar el tiempo ni despilfarrar sus emociones con cualquier persona. Las relaciones sin propósito suelen ser cortas, enfocadas en la satisfacción física y emocionalmente inestables, y ocasionan heridas innecesarias en el alma de los adolescentes. Por eso es mejor evitarlas, desarrollando un propósito santo para las relaciones que es el amor completo del matrimonio y el inicio de una familia.

MEDITA EN UN PERSONAJE

CAMILO Y EVALUNA

Ser un joven con valores sanos y desenvolverte en el mundo artístico es un reto gigante, y más aún cuando has tenido un encuentro con Jesús y decides llevar una vida ajustada a los parámetros de Dios. Cuando la fama alcanza a un adolescente cristiano, su fe es puesta a prueba. La nube de testigos tiene una expectativa muy alta, y muchos se ven llevados a querer cumplirla. Se convierten en ídolos, en objetos de culto, y la gente espera que se comporten como un artista debería hacerlo.

Camilo creció con el talento bajo el brazo. Dios le abrió puertas inimaginables con artistas que quisieron cantar sus canciones, pero el muchacho que escribía frases juveniles y frescas quiso también probar la experiencia de ser cantante. Desde su adolescencia, Camilo expresaba con toda naturalidad su decisión de proclamar las bendiciones de Cristo sobre su vida y la forma como Dios le había dado dirección y esperanza.

Evaluna nació en un hogar cristiano bajo la sombra de su famoso papá Ricardo Montaner, quien también la entrenó en el mundo de la música. Su primera canción, titulada «La gloria de Dios», la grabó junto a él, y es una expresión de su fe y de su convicción.

Camilo y Evaluna se pusieron de novios y pronto decidieron unirse en pacto matrimonial, y por lo que se pudo ver en los medios, no fueron parte de ningún escándalo sino que lo manejaron con mucha normalidad.

PREGUNTAS PARA LOS DISCÍPULOS:

- ¿Es fácil llevar un noviazgo sano y ejemplar en la actualidad? ¿Por qué sí, o por qué no?

- ¿En qué formas puede la sociedad intentar desviarnos de hacer las cosas conforme a los propósitos de Dios? ¿Cómo podemos hacer para protegernos de esto?

ISAAC Y REBECA

La historia de esta pareja se encuentra en el libro de Génesis. Puedes leer el comienzo de esta historia en el capítulo 24, y de allí podemos rescatar algunos valores importantísimos para una relación de pareja. Abraham no quería que su hijo contrajese matrimonio con cualquier persona. Por eso envió a su criado a buscarle una candidata de entre sus familiares. Esto es una advertencia para nosotros de lo que el yugo desigual representa. Una persona con otras creencias, con una actitud diferente hacia Dios, con otros valores culturales, siempre traerá conflicto a la relación.

El criado de Abraham le pidió a Dios varias pruebas para saber si la candidata escogida era la adecuada. Cuando dirigimos a un adolescente en el área sentimental, debemos enseñarle a comprobar la voluntad de Dios en medio de sus elecciones. Dependiendo de la cultura y de las convicciones familiares, la edad en la que a los adolescentes se les permite iniciar una relación de pareja es diferente. Sin embargo, tarde o temprano eso va a suceder, y es bueno que como discipulador puedas preparar a tus chicos y chicas para que, cuando llegue el momento, ellos puedan tomar las mejores decisiones.

En Génesis 24:58 vemos cómo el hermano y la mamá de Rebeca dejaron en manos de la jovencita la decisión de irse con el criado de Abraham:

«Llamaron a Rebeca y le preguntaron: –¿Quieres irte con este señor? Y ella respondió: –Sí, me voy con él».

De acuerdo a la cultura de aquel entonces, entre el criado y los familiares de la doncella pudieron haber tomado la decisión sin consultarle, pero decidieron que no fuera así, y Rebeca pudo tomar esta decisión con sabiduría. La enseñanza aquí es que la doncella que está siendo discipulada debe aprender tanto a decir que sí, como a decir que no.

Por su parte, el criado de Abraham tuvo la certeza de que esta mujer era la elegida por Dios para ser esposa de Isaac por todas las pruebas y confirmaciones que él le había pedido al Señor. La enseñanza aquí es que cuando prepares a tus adolescentes para el día en que puedan tener una relación de pareja, debes ayudarles a ver más allá de las emociones del momento.

PREGUNTAS PARA LOS DISCÍPULOS:

- ¿Cómo sueñas que sea tu relación de pareja?
- ¿Cuál crees que sea la mejor forma de decidir cuál es la persona correcta?

 ACCIONES CONCRETAS

El gran logro de esta lección en el proyecto de discipulado de tus adolescentes no es que terminen con buena información, sino que asuman algunos compromisos importantes:

- El primero es decidir sujetar sus planes amorosos al Señorío de Cristo, es decir que cualquier cosa que sueñen y deseen estará conectada con los deseos y premisas de Dios.

- Lo segundo es decidir sujetar sus sentimientos amorosos al Señorío de Cristo, porque una cosa es tener los planes correctos, y otra es gestionar con inteligencia nuestras sensaciones.

- Lo tercero es comprometerse a darle lugar a los planes y sentimientos amorosos en el tiempo correcto, luego de que terminen sus estudios y definan su identidad y su proyecto de vida. Que tus adolescentes entiendan que el hecho de que se sientan atraídos a alguien no es sinónimo de que sea el tiempo de comenzar una relación amorosa los protegerá de muchas malas decisiones. Ayúdales a tener plazos y expectativas correctas volviendo al primer compromiso de esta lista.

Y finalmente, sería bueno transmitirles a tus adolescentes que el mayor índice de éxito en las relaciones de pareja está en aquellas que tienen acompañamiento espiritual cercano. Al carecer de alguien que te acompañe en estos procesos, corres el riesgo de cometer muchos errores.

LECCIÓN 8

RELACIONES SANAS

«La historia que encontramos en la Biblia es la de un ser que ama y sigue amando aun cuando no es correspondido».

Itiel Arroyo (*La prueba del amor*)

Una de las series de TV más populares de todos los tiempos ha sido *Friends* (amigos).

La serie fue un boom de los años 90 y luego su popularidad continuó por varios años más, instalando a sus tres protagonistas femeninas y sus tres protagonistas masculinos en la imaginación de muchas personas sobre lo que es una amistad ideal. Lo que sucedía en cada capítulo era un reflejo de la cultura de aquella década en los Estados Unidos. Sin embargo, las dinámicas entre ellos hicieron que la serie no perdiera actualidad. Y es que el tema de amistad será siempre un tema importante para todos, porque todos necesitamos y deseamos tener buenos amigos.

🧠 AVALANCHA DE IDEAS

Escribe la siguiente lista en papeles separados:

- Papá
- Mamá

- Abuelos
- Hermanos mayores
- Hermanos menores
- Tíos y tías
- Primos
- Mejor amigo o amiga
- El resto de mis amigos
- Compañeros de estudios
- Vecinos y gente del barrio
- Amigos de las redes
- Amigos de la iglesia
- Líderes y mentores cercanos

Coloca todos los papeles desordenados sobre una mesa, o usa cinta adhesiva detrás para pegarlos en un pizarrón. Si estás en una reunión virtual, haz que las palabras aparezcan en la pantalla. Luego pídele al grupo que ordene a estas personas según su importancia, pero que lo haga de manera grupal, es decir, no que cada uno diga su orden, sino que hablen entre ellos y argumenten hasta que haya consenso, mientras tú los miras.

Luego de que se hayan puesto de acuerdo y hayan terminado con su lista ideal, diles que se conviertan en niños y decidan nuevamente qué orden le asignarían a cada persona desde esa óptica. Finalmente, que hagan lo mismo como abuelos.

AHORA AYÚDALOS A SEGUIR REFLEXIONANDO:

- ¿Qué cambios ocurrieron en cada caso al cambiar de óptica?
- ¿En qué etapa son más importantes los amigos y por qué?
- ¿Cuáles relaciones son menos comunes pero muy importantes?

📝 FUNDAMENTOS DEL TEMA

Uno de los grandes retos durante la etapa de la adolescencia es el manejo adecuado y sabio de las amistades. Cada relación es como un edificio que se construye tan alto como uno quiera. Sin embargo, para seguir construyendo, a veces tenemos que quitar los escombros que han quedado a raíz de incidentes ocurridos dentro de esa relación. Todos atravesamos conflictos, desilusiones, y traiciones y si somos sinceros, nosotros somos tan responsables de esos males como otros. El punto es que entre gente imperfecta las relaciones nunca son perfectas, pero esa no es excusa para no ser intencionales en trabajarlas, y los adolescentes pueden justamente comenzar a hacer eso en esta etapa. Todos necesitamos respaldo, aprecio y confidencia, y todos podemos darlos.

El ser interior de los adolescentes continuamente está gritando:

- ¡Necesito que me conozcas y me valores!
- ¡Necesito que me escuches y me entiendas!
- ¡Necesito que sepas quién soy y por qué actúo así!
- ¡Necesito que no me compares!
- ¡Necesito que te tomes el tiempo de ver mi interior!

UNO DE LOS GRANDES RETOS DURANTE LA ETAPA DE LA ADOLESCENCIA ES EL MANEJO ADECUADO Y SABIO DE LAS RELACIONES INTERPERSONALES

Por ese motivo, nosotros, los adultos, los padres, los líderes, los discipuladores, necesitamos ser lo suficientemente sabios en la forma en que les ayudamos a construir su red de relaciones, sobre todo enseñándoles principios para que ellos mismos las puedan cuidar cuando nosotros no estemos.

ENTRE GENTE IMPERFECTA LAS RELACIONES NUNCA SON PERFECTAS

Un grave error de los padres, por ejemplo, sería conformarse con llevar el sustento al hogar y dedicarse el resto del tiempo a sus propios asuntos, en lugar de ser intencionales en establecer una relación sana y firme con sus hijos mientras van creciendo. Si esto es lo común en la infancia, es muy probable que los pierdan cuando llegue la adolescencia, y entonces será cuesta arriba el intentar recuperar el tiempo perdido. Para los líderes y discipuladores el reto es similar. Si solamente nos enfocamos en hacer reuniones y no desarrollamos una relación con nuestros discípulos, su vida espiritual puede girar en torno a la reunión, pero ellos terminarán cumpliendo un requisito de asistencia, y haciendo su vida real con aquellos con quienes consideran tener una relación más valiosa. Si ellos no logran vernos como confidentes, consejeros, mentores y hermanos mayores, entonces estarán demasiado lejos como para que seamos también modelos y una influencia positiva en sus vidas.

El pastor Héctor Hermosillo escribe en el libro *Pastorea a tu hijo adolescente* que: *«El mejor maestro del mundo estableció y modeló Él mismo lo que, después de mucha investigación, los educadores han reconocido como el vehículo ideal para transmitir cualquier conocimiento: EL AMOR».*

📖 ILUMÍNATE CON LA VERDAD

La Biblia es un libro relacional. Lee con ellos:

> *«Hay amigos que nos llevan a la ruina, pero hay amigos más fieles que un hermano».*
> **Proverbios 18:24**

Este versículo nos muestra dos extremos de lo que puede ser una amistad. Hay ciertas amistades que en un momento de la vida pueden ser tóxicas. Por uno u otro motivo pueden producir dolores de cabeza y malas decisiones. Por el otro lado, hay amigos con quienes podemos contar de forma incondicional; sabemos

LA BIBLIA ES UN LIBRO RELACIONAL

que podemos confiar en ellos por su fidelidad y transparencia con nosotros.

Esto nos hace ver la necesidad de saber escoger bien nuestras amistades.

¿Significa que, si tienes amistades tóxicas, debes alejarte de ellas?

Es probable que sí, al menos durante una etapa determinada (como la adolescencia) o quizás en periodos específicos (como un año escolar, o incluso un campamento o evento). Si la amistad con una persona es sinónimo de malas decisiones, entonces tu mejor decisión para con esa persona será separarte de ella.

Mira estos otros versos:

> «El consejo sincero de un amigo endulza el alma, como el perfume y el incienso alegran el corazón. No abandones a tu amigo ni al amigo de tu padre. No vayas a la casa de tu hermano cuando necesites ayuda. Más vale vecino cerca que hermano lejos».
> **Proverbios 27:9-10**

Este pasaje es poderoso porque junta varias nociones respecto de la amistad. Por un lado, describe la satisfacción personal que produce el tener un amigo en quien confiar y a quien pedirle consejo. Luego menciona la urgencia de ser fieles para no abandonar a un amigo, ¡ni siquiera al amigo de nuestro padre! Esto nos habla de la profunda valoración que debemos darle a la amistad, pero también a la familia. Finalmente, compara la amistad con la hermandad, y toca el tema de la gente que está cerca de nosotros, como un vecino, que a veces puede volverse tan unido como un hermano si sabemos que podemos contar con esa persona siempre. ¡Al analizar todos estos puntos, es fácil entender lo importante que es para un discípulo escoger bien a sus amigos y a la gente que lo rodea!

Este otro habla acerca de los compañeros de milicia:

> «Tengo muchos deseos de verlos para compartir con ustedes algún don espiritual que los ayude a crecer fuertes en el Señor. Con esto quiero decirles que no sólo deseo comunicarles mi fe, sino también alentarme yo mismo con la de ustedes. Así nos seremos de mutua bendición».
> **Romanos 1:11-12**

Aquí Pablo está hablándole a la iglesia de Roma, destacando la bendición que es sentirnos alentados los unos por los otros. Es muy importante tener buenos amigos que nos acompañen en nuestro proceso como discípulos. De ellos recibiremos una impartición del Espíritu de Dios, y además nos alimentaremos de lo que Dios les ha hablado. Debemos también ser recíprocos con ellos y respaldarlos, orar por ellos, acompañarlos cuando estén pasando situaciones difíciles, y no dejarlos solos. ¡Ellos son otra clase importante de amigos!

También la Escritura menciona varios principios, los que podríamos llamar «Principios de unos a otros»:

- Ayudarnos unos a otros. (Hebreos 10:24)
- Vivir en armonía unos con otros. (Romanos 12:16)
- Amarnos los unos a los otros. (1 Juan 4:11)
- Animarnos y edificarnos unos a otros. (1 Tesalonicenses 5:11)
- Llevar las cargas los unos de los otros. (Gálatas 6:2)
- Dejar de criticarnos unos a otros. (Romanos 14:13)
- Soportarnos y perdonarnos unos a otros. (Colosenses 3:13-15)

Estas instrucciones nos guían a pensar en el prójimo que tenemos cerca.

Ahora hablemos la relación con nuestros padres. Esta relación se basa en la honra:

> «...honra a tu padre y a tu madre, y ama a tu prójimo con la misma sinceridad con que te amas a ti mismo».
> **Mateo 19:19**

Jesús, hablando con el joven rico, le responde varias cosas con respecto a la intención del cumplimiento de la ley. Entre esas cosas, Jesús menciona dos aspectos importantes referidos a las relaciones con las personas que tenemos cerca. Por un lado, habla de honrar a los padres. Este era un principio transmitido de generación en generación desde tiempos muy antiguos. Era parte de su cultura, de su estilo de vida. No había forma de pensar en vivir una vida que deshonrara a los padres. ¡El ideal de Dios es que tengamos una relación muy cercana con ellos!

> **LAS PALABRAS DE JESÚS ERAN PODEROSAS, NO PORQUE TENÍAN REVELACIONES REBUSCADAS, SINO PORQUE ÉL HABLABA VERDADES DE LA VIDA**

Jesús habló también de amar al prójimo, al que está cerca, al amigo, y ratificó la misma condición: debemos hacerlo con la misma sinceridad con la que nos amamos a nosotros mismos. Las palabras de Jesús eran poderosas, no porque tenían revelaciones rebuscadas, sino porque Él hablaba verdades de la vida.

¿Cómo te llegan a ti estos pasajes de la Escritura? ¿Cómo podría cambiar tu vida luego de leerlos?

REFLEXIÓN PERSONAL

Un buen proceso para establecer relaciones sanas gira en torno a estas cuatro ideas:

1. **Cero hipocresía.** Uno de los mejores atributos que una persona puede aportar a una relación para que esta sea sana es la integridad. La integridad se relaciona de cerca con la honestidad, la franqueza, el deseo de ser genuinos y el actuar sin hipocresía. Una relación que se llena de mentiras, falsedad, engaños y sospechas, no puede construirse de forma sana.

2. **Mostrar empatía.** Esa idea de ponerse en los zapatos del otro para poder comprenderle no la inventó ningún filósofo. La inventó Dios, y se llama misericordia. Es la facultad de dolerse con el dolor del otro, de ayudarle a llevar sus cargas, de sufrir juntos, y de alegrarse con sus éxitos. ¡Es lindo tener alguien así caminando cerca nuestro!

3. **Desarrollar familiaridad.** Cuán cercana consideramos a una persona tiene que ver con el tiempo que hemos invertido en estar juntos. Tiempo en cantidad y de calidad también. No se trata de ir a vivir con alguien, o de pasarnos en su casa todo el día y hasta dormir allí (¡aunque a veces sucede!), pero sí tiene que ver con aprovechar los momentos valiosos que la vida ofrece para compartirlos con alguien más.

4. **Establecer vínculos.** Cuando una relación se edifica bien, sin hipocresía, mostrando empatía, y desarrollando familiaridad, llega el momento de establecer vínculos. Con esto nos referimos a encontrar aquellas cosas por las cuales te unes de manera más personal y cercana con la otra persona.

Comparte con el grupo estas ideas y luego da comienzo la etapa de preguntas... ¡esa es la mejor parte!

¿Cuáles de estas condiciones ya cumplen tus amigos?

Piensa en relaciones que has tenido en el pasado y que se han roto. ¿Cuál de estos principios fue quebrantado?

¿Has valorado estos puntos a la hora de elegir amigos en el pasado? ¿Cuáles sí, y cuáles no? ¿Cómo resultaron esas relaciones?

Si hay alguna relación rota que quieres recuperar, ¿crees que se puede? ¿Por qué sí, o por qué no?

MEDITA EN UN PERSONAJE

HAN SOLO Y CHEWBACCA, Y R2D2 Y C-3PO

El universo de *Star Wars*, conocida también en español como La guerra de las galaxias, presenta varios ejemplos de amistad duradera. Dos de los dúos de amigos más conocidos son Han Solo y Chewbacca, y los droides R2D2 y C-3PO.

Tanto en el caso de los pilotos del Millenial Falcon (el Halcón Milenario) como en el de los robots que entrelazan prácticamente toda la saga, siempre uno de ellos entiende el lenguaje del otro sin que quienes miramos las películas los podamos entender. Al amigo peludo le escuchamos hacer ruidos animales, y al droide más pequeño le escuchamos emitir sonidos de máquina, sin embargo sus amigos los entienden a la perfección y quizás sea ese el gran secreto de su amistad.

PREGUNTAS PARA LOS DISCÍPULOS:

- ¿Cómo podemos conseguir amigos con quienes no haga falta usar palabras para entendernos?
- Y a modo de evaluación personal: ¿tienes amigos como Han Solo o C-3po? ¿Qué deberías hacer para tenerlos?

DAVID Y JONATÁN

La Biblia registra la relación de amistad que había entre Jonatán, el hijo de Saúl, y David, el rey que había sido ungido para tomar el trono dentro de poco tiempo. Saúl se había puesto incómodo con David. Cuando la gente aclamaba al joven guerrero, al rey le daban ganas de ahorcarlo. Lentamente, su incomodidad se convirtió en celos desmedidos, y más tarde inició una persecución terrible en contra de quien, pensaba, era un adversario contumaz que quería quitarle el trono.

David construyó una valiosa amistad con Jonatán, el hijo de Saúl. Jonatán se convirtió en alguien muy importante para su vida, y eso fue clave en ese momento, pues el conflicto no fue pasajero, sino que llegó a convertirse en una especie de guerra civil, con unos apoyando a David, y otros (especialmente el ejército real) a Saúl. Para ese entonces, Jonatán se comprometió a ser el informante de David para así protegerlo de su padre.

¡Qué difícil situación! Imagina cuán fuerte era su amistad, que Jonatán prefirió ponerse en contra de su padre, el rey, para estar del lado de su amigo. David, de igual forma, tuvo que confiar en Jonatán aunque era el hijo de su perseguidor, y pudo hacerlo pues confiaba en la amistad que ambos habían construido.

PREGUNTAS PARA LOS DISCÍPULOS:

- ¿Cómo crees que llegaron David y Jonatán a tener una relación de tanta confianza?

ACCIONES CONCRETAS

Escoge tres de los «principios de unos a otros» que aprendimos en la porción bíblica y desafía a tus discípulos a practicarlos durante la semana, sabiendo que van a tener que dar testimonio durante el siguiente encuentro. Que las acciones escogidas sean específicas. Idealmente, haz que las elijan en voz alta delante de los demás.

Al cabo de la semana verás que aquellos que lo hicieron hablarán con entusiasmo y se sentirán mejor respecto de sí mismos. Destaca eso cuando terminen de hablar, para afirmar las acciones, y repite el ejercicio, sobre todo dándoles la oportunidad a quienes no hayan hecho demasiado.

LECCIÓN 9
NARCISISMO ESPIRITUAL

«No es el amor lo que debe representarse como ciego, sino el amor propio».
Voltaire

Según la mitología griega, Narciso era un joven muy apuesto cuya vida giraba alrededor de sí mismo, considerándose superior a los demás. Es él quien le dio nacimiento al... narcisismo. Un diccionario definiría el narcisismo como una admiración excesiva que siente una persona por sí misma, por su aspecto físico, o por sus dotes o cualidades, y si unimos este concepto con la palabra «espiritual», esto nos lleva a alguien que cree que Dios está para servirle, porque todo en la vida cristiana o en el ministerio se trata de lo que él o ella quiera hacer.

Un aspecto básico de un narcisista espiritual sale a la luz en sus oraciones, ya que estas solo se enfocan en sus propias necesidades, deseos y gustos, y su visión carece de un sentido de grupo o de comunidad. Un narcisista espiritual no piensa en lo que puede hacer por Dios, sino en lo que Dios puede hacer por él. Además, no se esfuerza por vivir conforme a la voluntad perfecta del Padre, porque ha creído en un evangelio engañoso que le dice que Dios está para cumplir con sus aspiraciones.

Todos en algún momento de nuestra vida cristiana podemos atravesar etapas de narcisismo espiritual: cuestionar a Dios por no obtener lo que queremos, por no ayudarnos o no concedernos lo que le habíamos pedido, y terminamos convirtiendo a Dios, el Rey del universo, en nuestro «*delivery* espiritual», que debe entregarnos lo más pronto posible toda petición que le hagamos. Claramente, esta conducta de un narcisista espiritual es un signo de inmadurez, y tenemos que ayudar a nuestros adolescentes a superar este tipo de cristianismo.

AVALANCHA DE IDEAS

Luego de la introducción, invita a tus adolescentes a armar entre todos el «top ten» de características de un narcisista espiritual. Puedes detenerte en cada una el tiempo que quieras para que se expliquen, y luego ordenarlas como en un ranking.

Algunas de las características que puedes sugerir si les cuesta identificarlas a ellos son las siguientes:

- Ora cada mañana para que le vaya bien y para que todo le salga conforme a lo que él ha planeado.

- Reclama a Dios por aquello que ha pedido y no ha recibido.

- No pide por los demás, ya que no puede ver las necesidades de los otros.

- Piensa que los demás deben servirle, abrirle la puerta, cantar para ayudarle a adorar, predicarle la Palabra, etc.

- No sirve porque no tiene tiempo; está lleno de muchas cosas que le alejan del servicio en cualquiera de sus formas.

- Si se dedica a servir, al igual que como lo hacen algunos pocos narcisistas espirituales, lo hace para obtener algo a cambio, como reconocimiento o admiración.

- Nunca se enfoca en lo que Dios le pide hacer, sino en lo que él le pide a Dios que haga.

Indaga en otros ejemplos y en lo que piensan de esto con preguntas.

FUNDAMENTOS DEL TEMA

El verdadero evangelio tiene mucho más que ver con dar que con recibir. Requiere renunciar a cosas, más que pedirlas. Implica morir para resucitar. Si te fijas bien, el evangelio del reino de los cielos que Cristo predicó y vivió es exactamente lo opuesto a lo que comúnmente busca el mundo. Cristo enseñó que para ganar hay que perder, para vivir hay que morir y para entrar en el reino no hay que ser grandes y poderosos, sino que hay que ser como niños. También dijo que los últimos serán los primeros, y que para ser líder antes hay que ser el que sirve a todos.

> **EL EVANGELIO DEL REINO DE LOS CIELOS QUE CRISTO PREDICÓ Y VIVIÓ ES EXACTAMENTE LO OPUESTO A LO QUE COMÚNMENTE BUSCA EL MUNDO**

El evangelio no fue diseñado para suplir nuestros caprichos y deseos pasajeros. Eso suele ocurrir por añadidura. Así que la idea de Dios no es que lo andemos buscando para recibir sus favores, o que nos portemos como buenos hijos para tener derecho a recibir todo lo que pedimos. En contraste con la lista que usamos para describir a un narcisista espiritual unas líneas atrás, la siguiente es una lista de las actitudes que la Biblia enseña como correctas.

Un discípulo de Cristo:

- Ora para que la voluntad de Dios se cumpla en y a través de su vida.
- Reconoce la soberanía de Dios cuando no recibe algo que pidió.
- Está acostumbrado a pedir por otros, a orar por aquellos que están en necesidad, e incluso a bendecir a los que le han hecho mal.
- Perdona a los que le han ofendido y protege su boca de palabras de maldición.

- Está convencido de que la mejor forma de amar a Dios es sirviendo a otros.

- Se mantiene humilde, aun si ha llegado a posiciones de alto nivel o rango, y no tiene por objetivo el reconocimiento y la admiración.

- Siempre pregunta a Dios antes de tomar decisiones, y se somete a Su voluntad perfecta manifestada en su Palabra.

Mientras nuestras decisiones estén enfocadas en satisfacer nuestros propios deseos, seremos narcisistas espirituales. Si queremos dejar de serlo, debemos tener en claro que la vida cristiana no se trata de cuantos favores recibamos de Dios, sino de cuán dispuestos estemos a llevar una vida conforme a su voluntad.

ILUMÍNATE CON LA VERDAD

Profundicemos juntos en este pasaje bíblico:

> *«Jesús les contó esta parábola a unos que se creían muy justos y despreciaban a los demás: Dos hombres fueron al templo a orar. Uno de ellos era fariseo y el otro, un cobrador de impuestos. El fariseo, de pie, oraba así: 'Dios, te doy gracias porque no soy como otros hombres que son ladrones, malhechores, adúlteros; ni mucho menos soy como este cobrador de impuestos. Ayuno dos veces a la semana y te doy la décima parte de todo lo que gano'. El cobrador de impuestos, en cambio, se quedó a cierta distancia y ni siquiera se atrevía a levantar los ojos al cielo. Se golpeaba el pecho y decía: '¡Dios mío, ten compasión de mí, que soy pecador!'. Les aseguro que este, y no el fariseo, regresó a su casa habiendo sido perdonado por Dios. Porque el que se engrandece a sí mismo será humillado, y el que se humilla será engrandecido».*
> **Lucas 18:9-14**

Cuando Jesús contó esta historia, describió muy bien la actitud de un narcisista espiritual con el ejemplo del fariseo. Para esta persona, el dar gracias tenía que ver con menospreciar a otros y sentirse superior, en particular señalando al cobrador de impuestos. Hay que tomar en cuenta que en esa época los cobradores de impuestos eran muy mal vistos entre el pueblo de Israel, puesto que su trabajo era a favor del imperio romano: los impuestos que cobraban empobrecían a sus hermanos hebreos y enriquecían a Roma. Así, el contraste entre estas dos personas era impresionante.

El fariseo, que debería haber sido la persona más consciente de quién es Dios, y, por consiguiente, debería haber caminado en humildad, ¡se enaltecía! Se consideraba mejor que otros, juzgaba, y pensaba que ayunar, diezmar y cumplir ciertos aspectos de la ley era suficiente para estar bien delante de Dios y para hacerlo a él merecedor de admiración. Nunca consideró la actitud de su corazón. ¡Ciertamente este hombre era un narcisista espiritual!

> **UNA PERSONA PUEDE CUMPLIR MUCHOS ASPECTOS DE LA LEY DE DIOS POR LAS RAZONES EQUIVOCADAS**

Por el contrario, el cobrador de impuestos, o publicano, era odiado por su propia gente y menospreciado por los romanos. Pero él estaba seguro de su condición de pecador, a tal punto de no poder ni siquiera levantar los ojos al cielo porque se sentía indigno de los favores del Padre.

Para la gente que escuchó esta alegoría de boca de Jesús, debió ser un *shock*. Jesús habló bien de alguien a quien ellos juzgaban como malvado, y habló mal de alguien al que ellos consideraban una autoridad espiritual. Sin embargo, la intención de Jesús no era confundir a la gente sino enseñarles a ver más allá de las apariencias. Una persona puede cumplir muchos aspectos de la ley de Dios por las razones equivocadas, mientras que otro puede tener la actitud correcta en su corazón aunque los demás lo juzguen como malvado.

Jesús presenta aquí un principio espiritual que se cumple inexorablemente. Aquel que se exalta a sí mismo, en algún momento será humillado, mientras que aquel que reconoce su condición de pecador y se humilla delante de Dios, será enaltecido a su debido tiempo.

Ahora veamos el siguiente pasaje:

> *«No hagan nada por egoísmo o vanidad. Más bien, hagan todo con humildad, considerando a los demás como mejores que ustedes mismos. Cada uno debe buscar no solo su propio bien, sino también el bien de los demás. La actitud de ustedes debe ser como la de Cristo Jesús».*
> **Filipenses 2:3-5**

En este caso Pablo les recomienda a los filipenses que estén atentos a esta clase de actitudes. El orgullo, la soberbia y la altivez son la clase de actitudes que no se pueden ver con facilidad en uno mismo. ¡Reconocer que nos estamos moviendo por egoísmo o vanidad no es cosa fácil! El orgullo es un arma sutil y certera del enemigo, que busca hacernos creer que somos mejores que otros. La instrucción de Pablo en esto es clara: no debemos buscar solamente el bien propio, sino el de los demás. ¡Vigilemos a cada momento las intenciones de nuestro corazón!

Continuemos la lectura con los versículos siguientes:

> *«...aunque él era igual a Dios, no consideró esa igualdad como algo a qué aferrarse. Al contrario, por su propia voluntad se rebajó, tomó la naturaleza de esclavo y de esa manera se hizo semejante a los seres humanos. Al hacerse hombre, se humilló a sí mismo y se hizo obediente hasta la muerte, ¡y muerte en la cruz! Por eso, Dios lo engrandeció al máximo y le dio un nombre que está por encima de todos los nombres, para que ante el nombre de Jesús todos se arrodillen, tanto en el cielo como en la tierra y debajo de la tierra, y para que toda lengua confiese que Jesucristo es Señor, para que le den la gloria a Dios Padre».*
> **Filipenses 2:6-11**

Mira el proceso de humildad de Jesús:

- No se aferró al hecho de que era Dios, sino que se despojó de esa condición para llegar hasta nosotros.

- Tomó forma de siervo, haciéndose semejante a los hombres.

- Como hombre, se humilló a sí mismo para entregarse por nosotros.

- Al entregarse, decidió aceptar voluntariamente la muerte, y no cualquier muerte, sino la más cruel y vergonzosa forma de morir de la época.

- Por todo eso, el Padre decidió exaltarlo, dándole un nombre superior a todos.

- Por eso también, delante del nombre de Jesús se doblará toda rodilla, y toda lengua confesará que Él es el Señor, para gloria de Dios Padre.

La historia de Jesús no es la de alguien que se hace grande luego de haber sido pequeño, un don nadie que se hace poderoso, ni alguien que prospera luego de haber sido pobre. Su historia es la opuesta. Él es quien, teniéndolo todo, decidió dejarlo por servir.

REFLEXIÓN PERSONAL

Relean juntos el pasaje de Lucas 18:9-14.

De un lado están las actitudes del fariseo, que se jacta de su conocimiento, de su cumplimiento inequívoco de la ley, de su condición social, y de su posición de liderazgo. Del otro lado están las actitudes del publicano, como la humildad, la sumisión delante de Dios, y el reconocimiento de su cualidad de pecador y su consiguiente necesidad de ser perdonado.

PUEDES HACERLES ESTAS PREGUNTAS A TUS DISCÍPULOS:

- ¿Con cuál de estos dos personajes te identificas más, y por qué?

- Si tuvieras que poner tu propia vida en una balanza, ¿hacia cuál de los dos lados se inclinaría más?
- ¿Qué rasgos de un narcisista espiritual reconoces en ti?
- ¿Qué defectos del carácter o qué actitudes deberías dejar para inclinar la balanza hacia el lado correcto?

Finalmente, ayuda a tus discípulos a desarrollar un plan que les permita mantener una actitud de constante renovación de la mente, que les haga conscientes de su propia condición de necesidad de Cristo, y que les transmita la urgente pasión por cumplir su misión en la Tierra.

Pensar en los demás antes que en uno mismo dice mucho de un verdadero discípulo de Cristo.

MEDITA EN UN PERSONAJE

LADY GAGA

Stefani Joanne Angelina Germanotta, mejor conocida por su nombre artístico Lady Gaga, nació en 1986 y esta artista *millenial* subió a la fama como la espuma cuando fue descubierta por una disquera, dejando sus estudios de artes a los diecinueve años para enfocarse en su carrera musical.

Stefani creó a Lady Gaga como un personaje desinhibido y controversial para llamar atención hacia su arte. Ella decidió explorar el ámbito de la música, el baile, la moda, y cuanta actividad resulte conveniente. Sus temas musicales, coreografías y videos, siempre apuntaron a resaltar la sexualidad, la violencia sexual y el cuerpo, y si bien nadie puede discutir su talento, es obvio que el personaje tuvo que apelar a algunos extremos para que ese talento fuera más valorado o, al menos, reconocido.

Algunos dirán que para un artista de talla mundial es necesario manejarse de ese modo, pero solamente para discutir la temática de este capítulo:

PREGUNTAS PARA LOS DISCÍPULOS:

- ¿Por qué muchos artistas como Lady Gaga exageran con sus atuendos?
- ¿Cómo se relaciona la fama o el talento con la necesidad de ser vistos por los demás?
- ¿Sientes tú también la necesidad de que otros te vean? ¿En qué se evidencia esta necesidad en tu vida?

PABLO

Saulo de Tarso era un estudioso de la Escritura, y consideraba que los seguidores de Jesús eran rebeldes y herejes al darle a un hombre cualquiera el título de hijo de Dios. Por este motivo, se había convertido en uno de los mayores perseguidores de los primeros creyentes en este Mesías que había venido a revolucionar a la tradición.

En su historia, descrita en el libro de los Hechos, se cuenta que en determinado momento Saulo tuvo un fuerte encuentro sobrenatural con Jesús. A partir de allí, su nombre cambió a Pablo, y se convirtió en el apóstol a los gentiles, con un llamado profundo a predicar la verdad de Jesucristo a todas las naciones.

En su carta a los filipenses, capítulo tres, Pablo describe su condición de narcisista antes de conocer a Cristo como Salvador. Cuenta que él valoraba su linaje hebreo como descendiente de la tribu de Benjamín, y valoraba sus estudios como fariseo a los pies de Gamaliel, y su condición de celoso cumplidor de la ley de Dios e intachable en su forma de vivir. Sin embargo, al encontrarse con Jesús, su perspectiva de la vida cambió por completo. Pablo decidió echar a la basura todo aquello que antes le hacía sentirse superior a otros, pues entendió que el conocimiento de Cristo le invadía y le impulsaba a cambiar su forma de pensar y actuar.

Su cambio de mentalidad fue tan radical que luego dijo cosas como:

«Sigan mi ejemplo, así como yo sigo el de Cristo».
(1 Corintios 11:1)

Una declaración de esta naturaleza, reconociendo que ahora su vida sería vana si no tuviera a Jesús, muestra que Pablo era una persona diferente a la anterior. Saulo se despojó de su condición de religioso narcisista para convertirse en Pablo, un verdadero discípulo de Jesús, humilde y sumiso a la voluntad de Dios. Su vida ya no giraba en torno a sí mismo, sino que su espíritu, alma y cuerpo estaban ahora sometidos a obedecer la voluntad de Dios, buscando desesperadamente a los que estaban perdidos.

PREGUNTAS PARA LOS DISCÍPULOS:

- ¿Te identificas con Pablo en algún aspecto de tu vida? ¿Cuál?
- ¿Crees que el testimonio de Pablo es un modelo para nosotros? ¿En qué sentido?

ACCIONES CONCRETAS

El objetivo de esta lección es ayudar a nuestros discípulos adolescentes a mirar a las necesidades de otros, inclusive en su acercamiento a Dios.

La única forma de librarse del narcisismo espiritual es poner a Dios primero porque cuando lo hacemos, indefectiblemente pensamos en los demás. Discute con tu grupo de discipulado algunos desafíos para servir a otros. Es mejor si la decisión de qué hacer surge de ellos. Como discipulador, tú puedes darle forma a la discusión, pero deja que la iniciativa salga de los adolescentes.

ALGUNAS IDEAS:

- Una visita de ayuda social. Visiten un geriátrico, un orfanato, centros para jóvenes con distintos problemas, u otras entidades de labor social.

Este tipo de actividades ayudarán a tus jóvenes a desarrollar sensibilidad social y carga por los que más sufren. Luego de una primera visita, tal vez algunos de tus jóvenes quieran comprometerse a brindar una ayuda más regular a alguna de estas instituciones.

- Un día para una familia. Busquen una familia que esté atravesando una crisis económica. Puede ser de la misma congregación a la que ustedes asisten (dando prioridad a la familia de la fe), aunque también puede ser alguien que no sea creyente. Levanten ofrendas de víveres, o piensen en otras necesidades que podrían ser suplidas para esta familia por medio de esta iniciativa.

- Campañas de reciclaje. Pensar en el medioambiente puede ayudar a algunos a dejar de pensar en su propia condición, y motivarlos a cuidar el planeta. De paso, vamos cambiando la cultura que nos circunda. Esta no solo es una campaña, sino que debería volverse un nuevo estilo de vida. ¡Eso es administrar bien lo que Dios nos dio para que lo cuidemos!

- Apoyo a hogares de animales. Los sitios que albergan perros o gatos callejeros suelen necesitar mucha ayuda, y allí pueden entrar tus jóvenes, colaborando con cosas físicas o donando algunas horas para ayudar a las personas que trabajan en el lugar.

- Carga personal. Puedes pedirles a tus jóvenes que piensen en alguna persona por la que sientan una carga especial; alguien por quien estén preocupados porque está atravesando una situación difícil, o simplemente alguien a quien quisieran ver mejor. Motiva a tus jóvenes a que aparten un tiempo a la semana, o cada quince días, para pasar tiempo con esta persona y ayudarle en lo que necesite. ¡Este también puede ser el puntapié inicial para que estos discípulos comiencen a discipular a otros!

Existen muchas maneras de pensar en los demás, y tal vez se te ocurran otras más para agregar a esta lista. Lo importante es que tus adolescentes lleguen a comprender que nuestra fe se hace mucho más relevante y disfrutable cuando dejamos atrás la inmadurez del narcisismo espiritual y vivimos con una actitud continua de servicio a otros. Vencer esa constante tendencia a pensar en uno mismo puede ser difícil, pero es lo que aprendemos de Jesús.

LECCIÓN 10
LÍMITES Y LIBERTAD

«El deseo de los adolescentes por independizarse no solo es normal sino deseable».
John Townsend *(Límites con los adolescentes)*

Hace algunos años se estrenó la película de ciencia ficción *Limitless* (*Sin límites*), protagonizada por Bradley Cooper, Abbie Cornish y Robert De Niro. En ella, la magia del cine nos lleva a un mundo posmoderno donde un escritor don nadie, por esas casualidades de la vida, tiene la oportunidad de tomar una píldora que multiplica su capacidad cerebral al máximo. De esta manera, el protagonista se torna capaz de tener toda la información de su cerebro a su alcance, y de aprovechar todo su potencial cognitivo.

Imagina poder organizar tu mente con todo lo que has aprendido, lo que tu cerebro ha grabado, la información que olvidaste, los libros que leíste, y las personas que conociste, y memorizar desde citas breves de autores famosos hasta libros enteros de todas las disciplinas. Y qué tal si esta píldora pudiera enseñarte un idioma en días, o si pudieras aprender a tocar un instrumento en minutos. También podrías investigar en pocas horas las estrategias financieras más exitosas...

La trama de la película primero resalta las enormes posibilidades que representa esa píldora, pero luego da un vuelco cuando el protagonista se da cuenta de que hay otros personajes buscándola también. Su vida ahora está en riesgo...

🧠 AVALANCHA DE IDEAS

Vamos a fingir que tu grupo de discípulos ha tomado esas píldoras. Cada uno de ellos está a punto de adquirir una capacidad cerebral extrema. Haz una lista de capacidades inventadas por ti, y pide al grupo que escojan la que más se acerca a la forma de ser o a los intereses personales de cada uno. No deberá ser cada chico o chica quien elija, sino que el grupo deberá ponerse de acuerdo y asignarle a cada uno la capacidad que la mayoría cree que el otro debería tener.

Recuerda que necesitarás tantas opciones de capacidades extremas como personas haya en el grupo. Si son demasiados, puedes considerar el dividir al grupo en dos, o repetir algunas de las capacidades en dos personas.

Aquí hay algunas ideas:

1. Capacidad de hacer dinero con estrategias de negocios.
2. Capacidad de entender y hablar cualquier idioma en unos minutos.
3. Capacidad de escuchar lo que otros están pensando.
4. Capacidad de convencer a los demás de hacer lo que uno quiera.
5. Capacidad de leer un libro en un segundo.
6. Capacidad de comprender todas las ciencias del mundo.
7. Capacidad de predecir el futuro.
8. Capacidad de usar la tecnología al máximo.
9. Capacidad de dominar a los animales a voluntad.
10. Capacidad de controlar los desastres naturales.

Ahora explícales que cada habilidad tiene un peligro o precio y que al usarlo deben saber que ellos o alguien perderá algo y luego pregúntales: ¿Ayudarán al mundo o serán egoístas?

LÍMITES Y LIBERTAD

Estas son preguntas trampa, sobre todo viniendo de la lección anterior, y solamente las harás para que ellos muestren algo de bondad y decidan ayudar al mundo y hacer buenas obras con sus capacidades extremas. El objetivo real es que luego de que terminen de compartir sus ideas, les digas cuáles fueron las consecuencias por el uso de sus poderes adquiridos.

Aquí está la lista, en el mismo orden que las capacidades:

1. Por cada billete que gane, alguien tendrá que perder ese billete.
2. Cada vez que use su capacidad, alguien perderá el habla.
3. Cuando use su poder, otro se volverá loco.
4. Cada vez que use su poder, habrá un divorcio.
5. Por cada libro que lea, alguien se quedará ciego.
6. Cada vez que aprenda una ciencia, mil escuelas se cerrarán.
7. Cuando use su poder, alguien olvidará su pasado.
8. Al usar su poder, la luz de una ciudad se perderá por una semana.
9. Cuando use su capacidad, una especie se extinguirá.
10. Al usar su poder, aparecerá un nuevo desastre natural en otro lugar.

Una vez que tus adolescentes hayan dado ideas sobre lo que harían para ayudar al mundo, les revelarás las debilidades, o las consecuencias por haber usado su capacidad extrema. A ninguno le va a gustar, pero ese es justamente el propósito por el cual Dios nos ha puesto límites que no debemos sobrepasar.

FUNDAMENTOS DEL TEMA

Los límites son neutros. Hay algunos buenos y otros innecesarios, y el juego de la vida es discernir cuáles son los que puso Dios porque esos son para protegernos.

Dicho esto, podemos diferenciar entre los distintos tipos de límites que existen. Algunos son límites naturales, creados por Dios para regir la misma naturaleza. Por eso es lógico que las aves tengan la capacidad de volar, y las vacas no. ¡Imagina a una vaca defecando en el aire!

Además de los límites en la naturaleza, Dios ha establecido límites morales, límites en las relaciones interpersonales, límites en los matrimonios, límites para la sexualidad, etc. Cada aspecto de la vida ha sido diseñado por Dios para encajar en un espacio en donde todos podamos cumplir nuestro propósito con éxito sin dañar a otros, y siendo de provecho para los demás. En este sentido, los límites son reglas que Dios ha colocado de forma intencional para mantener el orden en todas las cosas. Y sí, claro que sí, también para mantener en orden al ser humano. Cada vez que el ser humano ha sobrepasado un límite, ha sido en demérito de alguien más. Otro termina siendo dañado, ofendido, o afectado de alguna manera por lo que esta persona hizo. Por eso los límites son buenos.

LOS LÍMITES SON REGLAS QUE DIOS HA COLOCADO DE FORMA INTENCIONAL PARA MANTENER EL ORDEN EN TODAS LAS COSAS

¿Y qué de la libertad?

Sí, Dios nos hizo libres también. No obstante, esa libertad que tenemos debe estar delimitada por ciertos parámetros para que no se salga de control. La idea de Dios no fue establecer una lista de restricciones para tener con qué molestar al ser humano. Más bien es su forma de ayudarnos a manejar nuestra propia vida de forma sabia, sin afectar a los otros, para así poder disfrutar de los beneficios que tenemos como seres humanos.

Sobrepasar los límites de Dios genera esclavitud.

Por rebasar los límites se rompen matrimonios, familias se dividen, amistades se pierden, y personas son heridas. Por rebasar los límites los seres humanos se corrompen y las sociedades se quebrantan, los gobernantes se vuelven emperadores malignos y la opresión aumenta, y por eso también vienen las guerras y los conflictos mundiales.

De hecho, una buena definición de pecado es, precisamente, sobrepasar los límites puestos por Dios.

SOBREPASAR LOS LÍMITES DE DIOS GENERA ESCLAVITUD

Por eso necesitamos tener límites bien definidos en nuestra vida, para que esta no se salga de control. Tener claros los límites que debo respetar como hijo de Dios, y sobre todo como discípulo de Jesús, me da la libertad suficiente para vivir conforme a la voluntad de Dios.

Poner límites definidos en mi vida me hace:

- Saber quién soy y hasta donde puedo llegar.
- Pensar en el otro y no solo en mí mismo.
- Conocer mis responsabilidades y disfrutar de mis derechos.
- Saber distinguir lo bueno y lo malo para elegir bien.

Algunos problemas que evidencian la falta de límites son (adaptado del libro *Límites* de Henry Cloud y John Townsend):

- No poder decir que no.
- Querer complacer a todos.
- Decirles no a las cosas buenas.
- No respetar los límites ajenos.
- No escuchar a los otros cuando dicen no.
- Querer controlar las decisiones de otros.
- Manipular las situaciones a través de las emociones.

- Querer salirse siempre con la suya.

Cuando examinamos nuestra propia vida y reconocemos que aún tenemos que trabajar en nuestros límites personales, no debemos dejarlo para más adelante. Es una necesidad urgente, y si le ponemos atención, nos permitirá llevar una vida exitosa con las personas y en paz con Dios.

¿Qué tiene que ver esto con el discipulado?

> **TENER LÍMITES ADECUADOS SIGNIFICA NO IR MÁS ALLÁ DE DONDE DIOS TE HA DICHO QUE PUEDES IR**

Pues todo. Tu estilo de vida y tus decisiones van a depender mucho de los límites que decidas respetar priorizando el efecto que tus acciones puedan tener en otros. No se trata de reprimirte, o de carecer de anhelos personales. En las cosas que decidas emprender, allí no hay límite. ¡Puedes llegar hasta el cielo mismo! Tener límites adecuados significa no ir más allá de donde Dios te ha dicho que puedes ir sobre todo si la consecuencia es perjudicar a otras personas.

Por eso las casas tienen un lindero que no puedes sobrepasar. Si alguien entra sin tu permiso, le dirás que está en propiedad privada. Por eso nadie puede entrar en un país sin haberse registrado en la frontera una vez que ha cruzado su lindero o límite. Si no te registras, serás una persona ilegal en ese lugar.

Así mismo, si alguien quiere ir más allá de lo que está autorizado a ir contigo, le dirás que no puede. Nadie puede tocar a otro de forma indebida, pues estaría sobrepasando un límite. Nadie puede decir palabras que lastimen a otro, pues esto va más allá de lo que se puede permitir.

En cada circunstancia de la vida, elegir vivir en santidad es elegir vivir apegado a los límites que Dios ha establecido.

📖 ILUMÍNATE CON LA VERDAD

Mucha gente desinformada repite que la ley de Dios está llena de prohibiciones que nos hacen cada vez más infelices. De hecho, muchas ideologías y tendencias filosóficas de la actualidad hablan de que para ser felices debemos tener menos controles y más libertad, sin darse cuenta de que esta idea de libertad es el peor enemigo de los derechos humanos.

Dios no creó leyes para poner al ser humano en una prisión. Al contrario, Él le da al ser humano la oportunidad de ver a través de sus ojos las consecuencias de hacer tal o cual cosa, y nos ha provisto su consejo para ayudarnos a medir las consecuencias de nuestras libertades. De eso se trata la conciencia.

El libro de Génesis cuenta que cuando Dios creó al ser humano le dio instrucciones específicas de qué hacer y qué no hacer. Si tan solo Adán y Eva hubieran escuchado, tendríamos hoy un mundo con mayor libertad. ¡Sí, con la verdadera libertad! Lamentablemente, ellos decidieron desobedecer las instrucciones de Dios y sobrepasar el límite establecido, y hasta el día de hoy sufrimos las consecuencias.

Leamos el capítulo 38 del libro de Job. ¡Es realmente impresionante! El texto comienza así:

> «Entonces el Señor respondió a Job desde el torbellino: «¿Por qué con tu ignorancia niegas mi providencia? Prepárate ahora para la lucha pues voy a exigir de ti algunas respuestas y tendrás que responderme. ¿Dónde estabas tú cuando yo eché las bases de la tierra? Dímelo, si tanto sabes. ¿Sabes cómo se calcularon las dimensiones y quién fue el agrimensor? ¿En qué se apoyan sus bases, y quién puso la piedra angular mientras las estrellas de la mañana cantaban unidas y todos los ángeles clamaban de júbilo?».
> **Job 38:1-7**

Después de esperar un tiempo en silencio, escuchando las quejas y desvaríos del pretencioso Job, Dios decide responder desde el torbellino haciéndole saber la diferencia entre un simple mortal y el Creador del universo, el que echó las bases de la Tierra y calculó sus dimensiones, el que le dio sustento en el espacio sin fin, mientras todos los ángeles miraban extasiados su obra.

Sigue leyendo:

> «¿Quién decretó las fronteras de los mares cuando ellos surgieron potentes desde lo profundo? ¿Quién los vistió de nubes y densas tinieblas, y los encerró diciendo: '¡Hasta aquí llegarán, y no más allá; y aquí se detendrá el orgullo de sus olas!'?».
>
> **Job 38:8-11**

Fue Dios quien le puso límites a los mares que crecían orgullosos desde lo profundo, y los encerró estableciendo fronteras. Y así hizo con cada cosa de la creación, incluyendo el ser humano. Es que los límites son sanos, y nos traen libertad. Sin límites vivimos a expensas de nuestro propio egoísmo y maldad.

¿Qué aprendió Job?

- Que Dios es soberano e infinitamente sabio.
- Que sin sus límites el mundo es un caos.
- Que Dios nos dio libertad para gobernar la tierra, pero no para sobrepasar sus límites.
- Que en ocasiones sabemos tan poco de Dios, o somos tan arrogantes, que decidimos desafiar su consejo, pero que esto siempre termina mal.

Todo esto lo vemos más adelante, en el capítulo 42. Allí Job reflexiona y resume lo que ha aprendido:

> «Entonces Job respondió a Dios: "Sé que todo lo puedes y que nadie es capaz de detenerte. Preguntas quién ha sido tan necio para negar tu providencia. Soy yo. Hablaba de lo que ignoraba en absoluto; de lo que no comprendía; de cosas demasiado admirables para mí. Tú dijiste: 'Escucha, y yo hablaré. Déjame plantearte las preguntas. ¡A ver si eres capaz de

responder!". Pero ahora yo digo. Había oído hablar de ti, pero ahora te he visto, y me detesto, y me arrepiento en polvo y cenizas"».
Job 42:1-6

Job entendió que todo lo que había dicho antes juzgando a Dios era una enorme torpeza de su parte. Y por fin entendió que los límites que Dios estableció eran lo mejor para el ser humano. Él dice: «Había oído hablar de ti, pero ahora te he visto...». Job conoció a Dios más profundamente a través de todo lo que le sucedió. Sus ojos fueron abiertos, y pudo ver la magnificencia del Creador que puso límites a los mares y diseñó todo con perfecta inteligencia. Esta revelación cambiaría para siempre su destino, así como puede cambiar el nuestro cuando finalmente comprendemos estas cosas.

REFLEXIÓN PERSONAL

Permite al grupo considerar diversas situaciones en donde la naturaleza se ha salido de control. Puedes darles algunas ideas como los tsunamis, terremotos, maremotos, incendios, inundaciones, sequías, etc.

¿Y qué sucede cuando los seres humanos rebasamos los límites?

Aquí pueden conversar sobre diversos tipos de límites que todo adolescente debería considerar.

¿Qué límites debo poner en...

- ...mi vestimenta?
- ...mi forma de hablar?
- ...las cosas que veo en internet?
- ...el tiempo que le dedico a los videojuegos?
- ...cómo me acerco al sexo opuesto?

- ...la manera en que respeto y honro a mis padres?
- ...la forma como me alimento?

Puedes agregar a esta lista tantas ideas como quieras, tomando en cuenta las necesidades particulares de tu grupo de discípulos y lo que has visto en ellos. ¡Esta es una buena oportunidad para ayudarles a reconocer sus excesos, y para corregirlos con amor!

MEDITA EN UN PERSONAJE

MILEY CYRUS

Miley era una pequeña niña que se hizo conocida gracias a su actuación en la serie infantil de Disney Channel, Hannah Montana. A partir de ese éxito su carrera comenzó a explotar como cantante también, grabando varios discos y hasta una película. Todo cuando apenas tenía 13 años. Pero al pasar a la adolescencia y dejar su personaje infantil, para muchos fue como verla convertirse en adulta de la noche a la mañana.

Sus presentaciones se llenaron de desinhibición en cuanto a su vestimenta y a los temas, y no tardó demasiado en mostrarse desnuda e involucrarse en problemas de sexo y drogas.

Mucha gente se lamentó de ver a la pequeña que había sido una influencia positiva para tantos niños debido a la serie de Disney, convertirse en su propia antítesis en pocos años. Luego se declaró pansexual, tuvo un divorcio, y comenzó a apoyar abiertamente causas que causan más dolor que libertad.

PREGUNTAS PARA LOS DISCÍPULOS

- ¿Qué pasó con Miley? Perdió sus límites. El éxito le robó su infancia, y luego ella se dejó robar su juventud.

LÍMITES Y LIBERTAD

DAVID

La historia de David es una de las más famosas y conocidas de todos los tiempos. La Biblia se ha encargado de describir sus momentos más gloriosos y los más oscuros también. Pero, ¿qué cosas podemos aprender de David en cuanto a límites?

¡Demasiadas!

En el primer libro del profeta Samuel se cuenta su historia, y realmente puedes aprender mucho de él si vas leyendo la Escritura poco a poco. En el tiempo en el que Goliat atormentaba al ejército del rey Saúl, David era solamente un adolescente. Saúl quiso ofrecerle su armadura y espada para ir a enfrentar al gigante, pero David no aceptó. Él conocía sus limitaciones como guerrero, pues apenas era un muchacho. Esa lucha no la enfrentaría él, sino Dios mismo, gracias a que David decidió no lucirse sino dejar que Dios obre.

Más tarde, cuando Saúl lo perseguía porque estaba celoso de él, David tuvo oportunidades para detenerlo y hasta para matarlo, pero no lo hizo por cuanto Saúl era el rey. David nunca sobrepasó ese límite, y decidió honrar la autoridad de Saúl a pesar de que él ya había sido ungido para ser su reemplazo. El hecho de no sobrepasar ese límite por respeto a Dios y al rey le hizo ganar el favor de todos quienes le seguían.

En cambio, la historia con Betsabé fue una de esas en las que David sobrepasó sus límites. Betsabé era la esposa de otro hombre, y David la quiso tener para sí mismo. Por eso mintió, cometió adulterio, y se volvió orgulloso y ciego. ¡Pero ahí no terminaron las consecuencias de cruzar los límites que Dios había fijado! David mandó a matar al esposo de Betsabé, quien había quedado embarazada. Se casó con ella, pero ese hijo murió al poco tiempo de nacer. Y, por último, Dios no le permitió a David construir el templo que tanto había soñado.

¡Sobrepasar los límites nunca es una buena idea!

PREGUNTAS PARA LOS DISCÍPULOS:

- ¿Por qué podemos confiar en los límites de Dios?

- ¿Cómo podemos ayudarnos los unos a los otros a no sobrepasarlos?

ACCIONES CONCRETAS

Hablar de límites con nuestros adolescentes no puede quedarse en afirmaciones abstractas o generales. Debemos ayudarles de manera concreta a establecer límites positivos en sus vidas para incrementar su libertad.

Según los doctores Henry Cloud y John Townsend, escritores del libro *Límites*, hay varios parámetros que deberíamos considerar al establecer límites concretos en nuestra vida:

- En las palabras...
    - ◊ ¿Cómo manejas tu lenguaje?
- En el tiempo...
    - ◊ ¿En qué cosas pierdes el tiempo?
- En las emociones...
    - ◊ ¿Hasta dónde comprometer las emociones?
- Con las personas...
    - ◊ ¿Hay personas que te esclavizan?
- En el orden...
    - ◊ ¿Hay áreas de tu vida para ordenar?
- En el cuidado físico...
    - ◊ ¿Has permitido algún tipo de violencia o abuso?

LÍMITES Y LIBERTAD

- En el contacto de la piel...
    - ◊ ¿Has sobrepasado los límites con alguien?

El plantear estas preguntas generales no es para crear culpa, sino para protegernos y proteger a otros. Al fin al cabo, los límites de Dios que hacemos propios son como guardarraíles que nos protegen de experimentar accidentes fatales y de lastimar a otros.

Luego de ayudar a tus adolescentes a identificar sus áreas a mejorar, lleva la conversación a instancias personales en las que puedas hablar de manera más específica y libre con cada uno, para poder también planear pasos personalizados junto a cada chico o chica. Abrazar con fe la verdad de que los mandamientos de Dios son limites para protegernos y proteger a otros le da su verdadero sentido y poder a la ley de Dios.

BIBLIOGRAFÍA

- Anderson, Neil. *Una vía de escape.* Editorial Unilit. Miami, Florida. 1995.
- Arroyo, Itiel. *La prueba del amor.* Editorial E625. Dallas, Texas. 2018.
- Cloud, Henry/Townsend, John. *Límites.* Editorial Vida. Mami, Florida. 2000.
- Hermosillo, Héctor. *Pastorea a tu hijo adolescente.* Editorial E625. Dallas, Texas. 2018.
- Leys, Lucas. *Diferente.* Editorial Vida. Miami, Florida. 2015.
- Leys, Lucas. *Stamina.* Editorial e625. Dallas, Texas. 2019.
- Leys, Lucas/Burns, Jim. *El código de la pureza.* Editorial Vida. Miami, Florida. 2012.
- Leys, Lucas. *Liderazgo Generacional.* Editorial e625. Dallas, Texas. 2017.
- McDowell, Josh. *Relaciones.* Editorial Mundo Hispano. El Paso, Texas. 2007.
- McDowell, Josh. *La generación desconectada.* Editorial Mundo Hispano. El Paso, Texas. 2003.
- McDowell, Josh. *La verdad desnuda.* Editorial Patmos. Weston, Florida. 2011.
- Obando, Esteban/Lacota, Karen/Intrieri, Adrián. *Manual de consejería para el trabajo con adolescentes.* Editorial e625. Dallas, Texas. 2018.
- Pagán, Samuel/Sampedro, Alex. *Credo.* Editorial e625. Dallas, Texas. 2018.
- Sampedro, Alex. *Artesano.* Editorial e625. Dallas, Texas. 2018.
- Townsend, John. *Límites con los adolescentes.* Editorial Vida. Miami, Florida. 2006.
- Ortiz, Félix. *Cada joven necesita un mentor.* Editorial e625. Dallas, Texas. 2017.
- Ortiz, Félix. *Valores.* Editorial e625. Dallas, Texas. 2019.

ALGUNAS PREGUNTAS QUE DEBES RESPONDER:

¿QUIÉN ESTÁ DETRÁS DE ESTE LIBRO?

Especialidades 625 es un equipo de pastores y siervos de distintos países, distintas denominaciones, distintos tamaños y estilos de iglesia que amamos a Cristo y a las nuevas generaciones.

¿DE QUÉ SE TRATA E625.COM?

Nuestra pasión es ayudar a las familias y a las iglesias en Iberoamérica a encontrar buenos materiales y recursos para el discipulado de las nuevas generaciones y por eso nuestra página web sirve a padres, pastores, maestros y líderes en general los 365 días del año a través de www.e625.com con recursos gratis.

¿QUÉ ES EL SERVICIO PREMIUM?

Además de reflexiones y materiales cortos gratis, tenemos un servicio de lecciones, series, investigaciones, libros online y recursos audiovisuales para facilitar tu tarea. Tu iglesia puede acceder con una suscripción mensual a este servicio por congregación que les permite a todos los líderes de una iglesia local, descargar materiales para compartir en equipo y hacer las copias necesarias que encuentren pertinentes para las distintas actividades de la congregación o sus familias.

¿PUEDO EQUIPARME CON USTEDES?

Sería un privilegio ayudarte y con ese objetivo existen nuestros eventos y nuestras posibilidades de educación formal. Visita **www.e625.com/Eventos** para enterarte de nuestros seminarios y convocatorias e ingresa a **www.institutoE625.com** para conocer los cursos online que ofrece el Instituto E 6.25

¿QUIERES ACTUALIZACIÓN CONTINUA?

Regístrate ya mismo a los updates de **e625.com** según sea tu arena de trabajo: Niños- Preadolescentes- Adolescentes- Jóvenes.

¡APRENDAMOS JUNTOS!

¡SUSCRIBE A TU MINISTERIO PARA DESCARGAR LOS MEJORES RECURSOS PARA EL DISCIPULADO DE LAS NUEVAS GENERACIONES!

Lecciones, bosquejos, libros, revistas, videos, investigaciones y mucho más

e625.com/premium

Sigue en todas tus redes a:

 /e625COM

SÉ PARTE DE LA MAYOR COMUNIDAD DE EDUCADORES CRISTIANOS